JN439615

박정희 시대

국립중앙도서관 출판시도서목록(CIP)

박정희 시대 : 김태암 시집 / 지은이: 김태암. -- 대전 : 지혜, 2014
p. ; cm. -- (지혜사랑 ; 103)

ISBN 978-89-97386-87-1 03810 : ₩9000

한국 현대시[韓國 現代詩]

811.7-KDC5
895.715-DDC21 CIP2014004005

지혜 시인선 103

박정희 시대

김태암

지혜

시인의 말

하늘 향해 삿대질 해본 적 있다. 대지를 거부하여 걷어차본 적 있다. 그땐 어두웠던 시절이었으니, 이 한마디로 가름할 수 없지만 콩 심은 데 콩이 났다. 가난이 무서워, 비겁하게 외면했던 시를 다시 접한 지, 성상이 지난 즈음, 고통의 긴 밤 돌아, 눈시울 적셨던 시들을 엮는다.

고개 숙인 가을 들판, 빳빳이 고개 쳐든 모개를 탐탁지 못한 눈으로 바라보는 농부 마음이 이러하리, 모퉁이 휘젓는 바람에 낱알들을 날린다. 변변치 못한 알곡과 죽정이가 마른 바람에 날린다. 다 가질 수 없는 거니까, 다 잘할 수 없는 거니까, 하고 위안 삼아보지만 부끄럼 가득한 나의 분신이라서 어쩌지 못하고—.

거울같이 잔잔한 마을 앞바다—완도, 갯짝지 고롱구나무 아래, 할아버지들께서 들려주시던 뱃사람들 날이야기를 쓰겠다고 펜을 잡았는데, 눈부시다는, 성장의 뒤끝—공허를 외면할 수 없어 몇 번을 뒤척이다, 지금을 쓰기로 했다.

모터를 설계하고 반도체를 만들던 엔지니어의 눈으로 바라보는 다른 통점,—의도하든, 않든—원인에 더 가까이 가려는 뿌리를 캐려는 통점이 있다. 이웃해주신 여러 분께 감사드리며.

2014년 2월
김태암

차례

1부 쇼생크의 낙타들

2부 박정희 시대

3부 인도기행

4부 나와 나타샤와 검은 당나귀

• 일러두기
한 연이 첫 번째 행에서 시작될 때는 > 로 표시합니다.

1부

쇼생크의 낙타들

종로의 밀란 쿤데라

종로와 세종로 명동에 강물이 흐른다
나노세컨드를 겨루며 돌진하던 종로통을
기억되지 않는 물거품을 일으키며 곤돌라 저어
가볍게 흔들거리는 시간 속으로 출근하고
햄버거 가게가 보이지 않는 남대문 수상시장에서
콩나물과 두부 저녁거리를 흥정하겠지
우스갯말들을 흥얼거려도 괜찮고
번득이는 칼날을 접어둬도 아무 탈 없을 거야
나른한 한낮에 세종로에서 외바늘 붕어 낚시를 해볼까
넘쳐나는 틈바구니에 끼여 실종되는 하루
덧칠된 화장기부터 지울 수 있을 테지
느릿느릿 태엽 속으로 들어갈 수 있을 테지
단조롭게 흘러가는 물길에 맞추어서
노 젓는 법을 알아보는 거다. 천천히 천천히 조금씩
종로와 세종로 명동에 강물이 흐르고

빠름과 망각이 비례한다고 했다.

화학적 진단

분 냄새 향긋 떠밀려가는 명동에서
저마다의 진중한 발걸음은 어디로 가는 걸까
한 백 년 지나면 모두들
Na_2CO_3, $CaSO_4$, 질산염이나 인산칼슘
혹, 기체 상태의 CH_4
재수 좋으면 반응 속도가 느린 칼슘덩이 몇 마디
재빠른 C, H, O는 가로수의 잎으로
지렁이의 살갗으로
이 순간 敵의 핵심적 DNA로
빼겨봤자지
캄브리아期 어느 바다 속에서 처음 생겨날 때부터
C, H, O, N, S, Ca, P, K……의 조합이었느니
네 것이 아니었느니라.

구체적으로, 딱딱하게 구체적으로

결핍이 없다— 한다, 사랑이 없다— 한다

아름다움을 끝없이 연주해야 하는 악사. 그렇지 않으니까
LP 판을 계속 갈아 끼워야 하는
항상 꽃피워야 하는 생명, 거기
지렁이가 있어야 하고

먹지 않아도 배부르고 떨리는 가슴 없이도 행복하고
똥 치우는 일이 없겠고 카마수트라가 필요 없고
옷이 닳지 않을까. 옷을 입어야겠지? 재봉틀이 있어야 하는데
TV가 있어야 하는데

영원히 아프지 않고 배곯지 않고 늙지 않고 죽지 않고 권태롭지 않고
잔 다르크에게 연정을 품으면 어떻게 하지?
어머니가 암에 파 먹힌 해골 같은 얼굴일까? 젊은 날의 홍안일까?

거기의 그대는 그대인가. 나의 아내인가
내가 나인가. 누구인가
표본상자의 빛깔이 향기로운 나비들, 영원하다는

>

나를 내쫓아주셔요. 소멸시켜주셔요
결핍이 있—는 곳으로 보내주셔요
아프리카로 보내주셔요. 볼리비아로 보내주셔요
인간냄새 떠들썩한 순대국집 가까운 양지 바른 곳으로

필요한 사실

고상치 못한 1평 안 되는, 어둡고 답답하고 시궁창 무덤 속
지독한 악취에 코 감아쥐고 싶은
코가 이미 녹아 없어지고
흐물대는 살점 중 튼실한 장딴지가 조금 남아있는
다리 한 토막을 붙잡고
숨 쉬는 것이 다 이렇게 되어야 하느냐고
숨 떨어지니까 썩느냐고
구역질나게 더럽냐고
시꺼멓게 문드러져가는 정강이뼈에 대고, 뻔뻔스럽게
이게 내 다리냐고
이게 나—냐고
버버리 와이셔츠에 금딱지 롤렉스시계, 샤넬 향수로 번쩍거리는
모차르트 K4, 5, 7번을 즐겨 듣는
이게 나냐고

체 게바라

빼앗기며 굴종당하는 가난한 인디오가 아니다
마야의 피라미드를 짓밟은, 잉카제국을 말살시킨
인디언들을 살육한 더 거룩한 문명의 후예
따뜻한 그의 양심에, 비참한 인디오의 희망에
총탄을 발사한 것은 이 시대에 준거된 날일이다
잘못이었다, 십자가에 못 박아야 했다
사지에서 흘러나오는 뜨거운 피가
볼리비아— 밀림을 적시고
아마존을 적시고 가슴을 적시도록

두루 얼싸안고 나누며 사는 세상을
차별— 없는 세상을
쉽게 잊어버리도록 한 방으로 처분한 것이 잘못이다
순색으로 살아가려 하였으니 대가를 치르도록 해야 했다
천천히 아주 천천히 고통스럽게
사위어가는 인디오의, 세로리코 광부의 꿈처럼
십자가에 못 박혀야 했다
천천히 천천히 아주 고통스럽게, 그 방식

오이도 선착장

시선을 마주할 수가 없다

식인종 미개인 부르주아 아우슈비츠의 밀고자라 한다
한 손에 칼, 한 손에 도랭이 든 검투사
내 손가락질이 생사여탈인

살갗이 벗겨지고 낱장으로 저미어진 生
한 生이 다른 한 生을 게걸스럽게 먹어치우는
내장은 빼내지고

해체된 마지막의 머리가 껌벅거리며 노려본다
'니 놈이 뭘 알아' 살덩이 질겅질겅 씹으며
혓바닥 감겨드는 육즙 탐닉하던 나
두려움에 떨고 있는 한 生의 비명—

외계에서 내려다본 지구가 투명한 수족관이다
나는 누구의 소화액을 자극하고 그 손가락질에
명멸해야 하는지
뼈와 힘줄, 심장, 근육 그리고 두개골

타불라 라사 2

그러실 리 없다. 아무것도 쓰여 있지 않은 석판

그의 댓말이 사랑이라고 했으니 그냥 내보내실 리 없다
시나이 산에서 10개는 보여주셨으니
사랑이 식었거나 어설프게 전능하시거나

높이 올라가면 알 수 있을까
새들이 알겠지, 만난 적 있는 지렁이가 알겠지

수소 원자가 태초에 하늘이 열리던 날에 그냥 하늘이었다고 말한다.
하늘에 하늘을 만들고 땅에 두려움을 만들고
윽박지르며 휘두르고

전곡리 선사 유적지—아슐리안형 주먹도끼, 뜸들이지 말고 처음부터 겔럭시탭이었으면

홍적세에 400ml인 루시, 오스트랄로피테쿠스
이브는 에티오피아 하다드 사막에서 어설픈 그림을 그려온 거지
조금씩 조금씩 320만 년 동안

>

타불라 라사, 어슴푸레한 사랑을 껴안고 있기에
낮이 너무 시퍼렇다.
자기 목적을 가지고 있다는 거, 21세기에서

慧超에게 詩를 묻다

詩는 언어들을 미분한 도함수다
사랑과 슬픔, 행복과 죽음, 가난, 환희, 그리움, 분노들을 미분하면
우울과 두통, 연민이리라
미분한다는 거, 함수의 기울기를 나타내는 것
한 점에서 존재의 방향을 알려주는 지표
기울기는 +쪽일 수 있지만 -일 수 있다
혼돈 속을 찾아 헤매는 羊水 속의 기울기

도함수를 미분하면 2계도함수다
기울기의 변화율이다 세상 흔들림 크기다
형태 없어진 언어의 뼈
새벽종처럼 울려오는 전율
大洋의 밑바닥을 달리는 海嶺의 목소리
파울 첼란의 詩
23.5도 기울어진 엇나감에 四季가 있듯
두통으로 밀어올린 핏빛 절인 반항덩이

詩를 읽는다는 거 도함수를 적분하는 거
초기함수를 알아보는 거
元素를 찾아가는 거다
가까이 갈 수 있지만 애초의 함수를 찾지 못한다

절편값 'C'가, 읽는 사람의 몫이기 때문이다
지평선 위에 내려진 y축, 태초부터의 무한순열
공간 내의 좌표부터 비껴 지르는 軌跡까지
제각기인 깊이와 높이
살아온 길이 다르기 때문이다.

시스템, 괴물

포장기가 소리가 적게 나야 좋은 포장기다
색상이 선명해야 좋은 포장기다
예수표 포장기가 좋은 포장기다.

포장기가 달린다, 식충 세포가 확장된다
손이 쑥 나온다, 발이 쑥 나온다
점점 빨라진다.

스스로 달려간다, 보조형질이 원형질에 앞선다
원형질이 필요 없다, 보조형질도 어쩔 수 없다
스스로를 확장한다.

기표들만 말이야, 미끄러진다,
스스로를 복제한다, 변형한다
기의들이 말이야, 이미 그만두었다, 포장기가 훌러덩 없어진다
더 빨리 달려간다.

처음에는 포장기부터다, 좋은 포장기부터다
예수표 포장기부터다
포장기가 소리가 적게 나야 좋은 포장기다.

파타피직스 – Pataphysics

무거운 물체들이 일정한 속도로 낙하하며
그 속도가 그것들의 무게에 비례한다.
— 아리스토텔레스

물고기 두 마리 떡 다섯 개, 5000명이 먹고 몇 광주리 남은,
뻥튀기 기계에서 물고기 몸통이 10배 100배 튀겨졌거나
하늘에서 수백 마리 물고기가 쏟아졌거나
물고기 가득 실은 손수레를 누군가 끌고 왔다면
떡 수레도 끌고 왔을 텐데

물고기 두 마리 떡 다섯 개 외면당한
소말리아, 아이티, 에티오피아, 티끌 모르는 목숨들 아량을 베푸시고
소돔의 채찍으로 땅을 내리치신다면
아이티, 칠레, 진흙 쿠키 먹는 인디오들 말고
괴롭혀서 빼앗아서 배부른 땅이 이쪽 아닙니다
방향이 틀렸습니다 저울 바늘이 휜 거죠

유럽産 신을 훈계하지 말라 – 한다
1633년 죄인, 갈릴레오 1992년 복권됨
베아트리체가 죄 없는 거 단테가 안다
돌고 있는 팽이 위, 내가 어지럽다.
복권되어야 할 단어들이 많을 텐데.

쇼생크의 낙타들

그 안에서 모든 것들이 이루어지리라
먹는 거, 자는 거, 죽은 나중까지
눈에 보이지 않는 회색의 높은 담

테 안에서, 한들거리는 들판의 生을 욱신거리게 하는
대물림으로 순수를 오염시키는
솟구치는 종달새에 입망을 씌우는

육친을 포맷시킨 빠져나올 수 없는 시스템
한 번뿐인데, 영원히 죽지 않을 적멸이 목적으로 각인된
리처드 도킨스가 런던의 버스에 광고하는, 만들어진 신

한 발짝 더 높이, 더 넓이, 휘어져도 날아도 되는데
맨눈 앞에 프리즘으로 인식된 굴절의 무지개
태어나면서부터 형틀을 매어 윽박지르는

삐딱해서 사계절이 있는, 인공위성에서 본 지구가 푸른데
천년의 암흑을 벗어난 뒤끝에 또 굴레
내버려둬도 씨앗들이 열매를 맺는데

저녁 한때 봉암리 어촌

갯바구니가 채워질 즈음, 허리를 펴다 만 아낙이 고개 들어 물때를 살피고,
어부가 조금씩 밀려드는 게옹을 따라 이쪽으로 한번
저쪽으로 한번 서툰 삿대질이 바쁘고

감성돔과 줄다리기한 종일, 물간을 채우지 못했건만

늘 그러던 것처럼 내일이 또 있는 게니까. 오늘 어지간히
느린 시간이 그냥 하루일 뿐이고

물파래 하늘거리는 해질녘, 어부의 땀 절은 밀짚모자가, 섬트막 늦 햇살에 유난히 붉게 물들고,
밀물에 메워지는 갯벌을 애도하는 물새들

밀물이 어제처럼 상실을 가져오고, 하루가 어제처럼 저물어가고, 내일이 밝아올 게니까

먹잘 것 없는 갯가재가 된장국물이 시원하고,
아낙이 건네주는 막걸리 잔에 낙지연포가 제격이고
두근두근 웅얼거리며 하나의 별이 된 항해등

가지랑 곧추세운 빨래줄 물옷에 서늘한 밤바람,

어스름 바다 모래톱 싸다니는 은빛 전어,
기꺼이 저물어가 주는 것일 뿐. 꽃이야 늘 지는 게니까

치닫기 급급하던 아낙이, 장자를 알고 있는 겐가?

호모 오일리쿠스

직육면체 사무실 사각의 공간,
각과 각이 마주보며 선과 선이 지켜보오
장부와 책들 A4 용지 컴퓨터와 가구 집기들도 사각이오
사각진 거리, 사각진 보도블록
빌딩들도 성냥갑 쌓아올린 모두가 사각이오
사각진 벽돌과 타일 광고판들
사각 모니터를 보다 사각진 사람들과 사각진 일들을
사각 진 낱말들로 사각진 대화를 나누다 사각진 버스를 타고 사각진 집에 가오
사각 문을 열고 밖을 보니까 이제 막 움트려는 가로수
오직 각이 없소
피조된 사각들이 열과 행을 이루어 무한순환소수로 행진하고 있소
잠들 때까지 날선 각들이 나를 쫓아오오
아파트 창문을 구획하는 무수한 사각의 불빛이 각을 세우고
격자로 분할된 손바닥만 한 하늘 골목 사각의 모서리
비쭉 내민 초승달 반호가 낯설으오
대각, 엇각, 평행선이 없는

摩尼車

누런 앞니 몇 개 엇갈려 얼굴이 지탱되는
설산 눈빛에 그을려 얼룩이 없는
읽고 쓰지 못하는 까막눈이

손바닥 판, 덧댄 무릎 타이어 조각 헤어지고
바람이 실어 나르는 타르초 언덕 4800m 넘고
롱다가 경전 읽는 마을 지나
365km 五體投地

돌산 칼바람을 오르고 눈비에 젖고 떨며
핏빛 짓무른 이마가 넘은 히말라야
허기진 神心이 오직 경전 한 번 읽는 거

누구인가, 그의 念願을 풀어준
미적분으로 풀 수 없고 양자역학으로 풀리지 않는
통 속에 삶의 祕記 적어
한 바퀴 돌리게 한

다 같다! 이루게 한.

동경에서 사케를 마시며

항공모함에 탑재되는 날개 접는 전투기
어린 시절, 나비처럼 날개를 접을 거라 생각했지
어떻게 날개를 펼까 생각하며 잠든 적 있었지
세계 최초로 만들었다는 100년쯤 된 스미토모 오사카 공장
보잉747 랜딩기어, 팬텀기주축 윤활오일냉각기, 삼지창 프로펠러,
액체 질소기화기 만드는 공정을, 폐수처리장까지
머리에 넣고 마음에 새기고 동경의 신주쿠 가부기좌에서
동경대 기계공학을 했다는 그와, 느끼한 안주를 핫소스에 버무려
서툰 일본어에 영어를 보충어로 술잔을 주고받았지.

도요토미히데요시를 칭송하자, 잔나비라고
세종대왕과 이순신장군을 존경한다 하고
이토히로부미가 근대 일본의 아버지라 하자
백번 태어나도 안중근의사로 태어나겠다 했지.

이차돈을 끄집어내어, 손사래 치던 저항이, 꿇려 앞잡이 된
순교자와 붉은 십자가에 점령당한 서울의 밤하늘을 말할 때
더 먼저 받아들인 오사카에서 동경까지 520km의 신간선에서
십자가 하나도 발견하지 못하고 수포로 돌아갔다 인정하던.

>

개와 고양이, 직경 60cm, 길이 6m의 남근과 여성이 신인
그래 쓰나미가 덮쳤다는 여의도의 어떤 거룩한 말씀, 나는
서울의 수많은 십자가를 부끄러워했지
흔들리는 뿌리, 거기가 먼 나라인데, 지워져가는 우리를 보며.

영혼, 육체에 달린

언제 들어섰을까. 문이 열리고 입이 열리던 순간이었을까
질 벽을 기어올라 막을 뚫고 꼬리까지 들어갔을 때일까
얼싸 안고 키스할 때일까

어디로 들어갔을까
입으로일까 귓구멍일까
똥구멍일까

레테의 물을 마시지 않고 건너올 수 있을 텐데
다 잊어버리지 않을 텐데
수영 잘한 누구는 백지가 아닐 텐데

구멍으로 들어가지 않았으니까. 몸의
몸에 의한 몸을 위한 문자
몸이 마감하는 날, 몸과 함께할 것이네

자발적 up grade가 내장된 CPU,
불 속에서 폐기되는.

시정마, 수컷이라는 동병상련이

아랫도리에 앞치마 두른 조랑수말이 발버둥친다
인간의 간계를 모르고 구경꾼 앞에서
코에 닿는 페르몬, 풍기는 본능에 따라

올라타지 못할 나무 제 것인 양
혀가 해야 할, 다 된 것인 양, 달아오른

안타까운 몸짓, 명 단축되는
갈증이 끝까지 닿도록
진하게, 질척하게, 적시도록

헛물만 켜는 진땀만 빼는
종마의 수고를 대신만 하는, 노리개
좋은 거 뒤에 두고, 버티다 끌려가는 울음소리

조랑말이라는 통점, 너는 본디 나 아니었나?
맨날 쳐다만 보는.

개심사 감꼭지

초우가 꽃잎 적시는 명부전에 아이 몇 명 몰려왔다
지장을 중심으로 좌정한 시왕들의 험상한, 위엄
호기심으로 명부 안을 살핀다
한 아이, 교회를 다닌다며 쭈뼛거리다 들어가지 못한다
'우상 앞에 나가지 않겠단다' 숭악하게
벌써부터 단을 쌓고 매듭을 짓다니
인류를 앞장서고 우주 끝에 비행할 떡잎인데
밖에는 자목련이 한창인데, 백목련만 보겠다고
누가 아이의 맑은 눈에 색안경을 끼웠는지
보이는 대로 보고 느끼는 대로 느끼는 백지를 오염시켰는지
청벚 개나리 진달래 어우러진 절문 옆 감나무가
가지마다 꼭지를 매단 채 앙상하다
새들의 밥, 지난 겨울 너머, 빨간 홍시가 보이는데
빗속, 새소리 들리지 않아도 산새가 살지 않을까마는
아이의 눈에 홍시가 보일 리 없고
순수시대가 젖어 백목련처럼 떨어지고.

2부

박정희 시대

박정희 시대 1

Material, Machine, Method가 없는, 없는 것으로 가득하던 황량한 봄날
문래동 고철가게에서부터다

500마력 모터의 軸鋼이 없던 그날, 폭격 맞은 기차의 차축을 빼내 축으로 깎고
열 수축 팽창계수가 적어야 할 다이캐스팅 머신의 몰리브덴 鋼은
대포의 포신을 잘라서
절단기 날의 刀는 탱크의 캐더필러를 갈아서

우리 주저앉지 않았다. 한강에 뛰어들지 않았다
배가 고파 돌아볼 겨를 없었다
눈물 흘릴 틈 없었다. 앞을 보고 그 직선으로 달렸다

남루하던 하루들, 일요일 없던
달력에 휴일이 없던
아침 8시 벨소리에 마라톤 주자처럼 기계와 돌고
한 달 내내 밤 10시, 연장 도장이 출근카드에 찍히고

어느 틈에 이만큼 왔는지, 압구정동에 서니까
삐까뻔쩍한 언니들의 하의 실종에서

십구공탄 난로에 손 녹이며 미싱 돌리던
유니폼 홑바지에 갇혀 떨던 언니, 늘 창백하던
배경으로 처리되고 실종된.

박정희 시대 2—24세 김 반장의 죽음

사직서 쓰는 손이 중심 잃으면서 떨리고
표정 잃은 웃음이 저리는 듯 쓸쓸하고
돌배기 잔치가 엊그제였는데, 간암 말기

키 크고 활달한 체격, 소 같은 눈을 가진 김반장
생고무에 아세톤을 부어, 휘저어
고무풀 만드는 일이 그의 떨면서 쓸쓸한 몫이고

반장이 되고, 쇠꼬챙이처럼 말라가고
불 잘 붙는 인쇄 잉크 톨루엔, 아세톤에 벌겋게 취해
술값 들이지 않고 술 취해서 비틀거리고

죽음에 이르게 하는, 우리가 한참 지난 나중에 알았던
유기용제 증기가 간에 머리에, 치명적인 거
서울대 화공과를 졸업한 실장이 말해주지 않은

박정희 시대 3—빨갱이 서울시장

2011년 11월 17일 안산에 사는 62세 여인네가 종북 빨갱이라고
서울시장 목덜미를 내리쳤는데,
대한민국 한복판 서울, 종북 빨갱이가 서울시장으로 뽑힌 건가
내가, 우리가 빨갱이인가

얼마나 더 찢겨져야 하는지. 떠내려가야 하는지
여자의 순한 눈을 뒤틀리게 만든, 바퀴벌레
철되면 때마다 나라 걱정하는 듯, 공갈빵처럼 부풀린
온공과 반공으로 60년 우려먹어 재미 본

나라가 그들에 의하여 지탱된 듯, 애국하는 양
얼굴 없이 일해온, 많은 사람들의 노고 가로채고
뒷전 시궁창, 야금야금 챙기고, 지키려고
정당화한 독재, 빨갱이로 몰아붙여 재미 본, 시궁쥐

분단을 아이스크림으로 팔아먹는, 눈 귀 홀려 권력을 슬쩍하는, 독버섯
거들먹거리는 돼지들, 꽃으로 장식한 꽃 돼지,
춥고 배고픈 사람, 위하는 것이 빨갱이라는 건지.

박정희 시대 4—도시의 농노들

꼭두새벽 지하철에 구겨 넣어진 허드레 生들

도시 밑바닥에는 숨통 매이는 지하철이
먹이사슬 밑바닥에는 팔딱거리는 나비들이

이쪽저쪽 위아래 거미줄 얽힌 격자 속의 하루
팔고, 팔고 빨리는 일에
체액이 동이 나 아스팔트에 주저앉는, 주저앉는

깔깔거리는 빨대들의 호사를 받쳐 든 나비의 비명이야
준거된, 먹는 자의 일상일 뿐, 먹히는 자의 고통일 뿐
똑똑한 대가가 상속된 자본이 존중되어야 한다고

풀죽 쑤어 먹던 러시아의 농노, 가쁜 숨 내쉬는 도시의 나비
번듯하게 키워낸 재벌, 기저를 나비들의 시신이 쌓은
보이지 않게 뻗히는 문어발이 여지없이 옥조이고

박정희 시대 5—거꾸로 흐르는 형이상학

마땅히 그도 뛰어내릴 것이다
그를 뛰어내리게 하였으니— 그가 뛰어내렸고

뛰어내리는 것이 중력법칙, 뛰어오를 수 없을까

앞바꾸 뒷바꾸 자동차 바꾸, 앞에는 운전사 뒤에는 손님
돌아서도 언제나 손님이 등 뒤,
손님이 따라가다, 따라가고

궁정동에서, 한강에서, 계동에서, 김해에서
다음에는 울산바위가 아닐는지
번쩍거리는 뒤태에 구역질이 있으니
알고 있었겠지, 지구가 돌아다니는 거

받은 만큼 돌려주고 되받고, 지구가 평평하지 않는 까닭 돈, 돈, 돈,
돈다, 돈다, 돈다 돈! 운전사가 다이빙선수, 맨땅 들이받는
갉아먹고 옭아 먹고, 똥통 그 황금색. 낙하의 법칙.

박정희 시대 6—게맛을 아는가

뿌릴 씨앗 없어 밭갈이 포기한 농부 슬픔이 있었다 붙잡아줄 지푸라기 없고 지푸라기를 바랄 수 없었던 날, 호남선 완행열차가 막 도착한 꼭두새벽 서울역 앞에서

가방 하나 들고 막막히 서있어 본 적 있었다

젊은 꿈들이 공부하고 있을 수많은 서울의 전등 불빛을 의식하면서 늦은 밤 야근으로 지친 막— 공원의 늘어진 육체를 이끌고 불 못 지핀 허름한 자취방에서 주먹으로 눈물 닦으며 책 읽다 잠에 빠져본 적 있었다

하얀 눈밭 위에 자지러지는 기침으로 쏟아낸 선홍빛 꺼져가는 생명을 보며 '정말 다했는데 이렇게 끝내야만 하는가', 사라져가야 할 억울함을 분노하며 절규해본 적 있었다

霜降이 지날 즈음, 발목 시린 갯벌, 한여름 살찌워진 동면 들기 전의 칠게, 돌절구에 갈아 아낙의 손끝으로 곰삭힌 게맛 혹시 아는가

기억하리라, 눈망울만 또렷이 댕글거리던 남루한 그 꿈을, 행복이 주어지는 거 아니라 만들어가는 거라는 거, 꿈이 있는 기관차가 맹물로 갈 수 있는 거, 이제 조금 알 것 같은— 게맛을.

박정희 시대 7—꿈만 있었어요

어머니, 청계천 그 머나먼 땅에 꽃이 피지 않았습니까.
재료, 기술, 공장 없던 찌든 그날, 꿈만 있었어요

닛뽄을 이길 수 있고 아메리카와 나란히 할 수 있겠어요
꿈이 보였어요 알록달록한 꿈

이름 석 자 겨우 쓰는 순이, 08:00시에 드르륵 미싱 돌리면
유니폼에 소금기 절여진 22:00시에 파김치로 지친, 그러나
한강에 뛰어들지 않았어요, 꿈이 있었으니

솔 껍데기 아버지 손에 송아지 고삐 쥐어주는 꿈
코흘리개 막내 동생 중학교 보내주는 꿈

3일 낮밤 청바지 만들어 수출 컨테이너 내보내고
아무 데서나 곯아떨어지면서 꿈을 꿨어요

어머니, 시커멓게 하수 흐르던 머나먼 판자촌 나라 청계천
그녀의 개미허리가 꽃을 피우게 하였어요 꿈이 있었으니—.

박정희 시대 8—남영동 분실—거기 누구 없었소

전기 고문봉에 사지를 파들파들거리다 꺼진 그, 천당에 갔겠지
목욕탕 물속에 머리를 처박던 고문기술자, 천당에 갔을까
만나서 용서하고 화해하고 어깨동무할까
비둘기 돌리기, 관절 꺾기, 칠성판 태우기, 전기 지지기
돌려주고 있을까, 돌려받고 있을까
그 고통, 갚음이 있어야 하지 않겠소, 그래야
지구라는 거, 기울어지지 않고 평평할 거니까

높은 법대, 법복으로 무장하고 사형선고 내린 유신—판사들이 어디로 갔을까
무죄 판결 받은 그린마일 걸어간 사람들이 되돌아와야 할 터인데
유신이었으니 한마디로 얼버무리기에는
기득한 칼날이 너무 서슬하고
역사의 등줄기에, 피고름이 흐르는데
휘두르며 누려온 사람들, 아직 죽지 않고, 속죄하지 않고, 치마폭 밑에서 휘두르려 하는
있으나 마나한 벼락, 찌질한 역사의 바퀴
그때, 거기 누구 없었소, 개 패이듯 두들겨 맞아 정신이 꺾였을 때, 말이요.

박정희 시대 9—유신이, 유신이 아니라네

때가 됐지만 고—이 가는 이 있는데
땟국물이 싸대기 맞게 맛이 간, 그 쪼그라진 얼굴이

남산 중앙정보부 대공분실 지하에서 뼈마디 으스러지던 정의의 대가를
그의 피가 잊어버렸는지, 자유와 민주를,
치마폭에 매달려 꼬랑지를 나불거리는 부끄러움까지,

100억 불 수출달성 위해 필연이라고, 10월 이후 고통 받던 눈물, 고문 받던 민주가,
100억 불 수출달성을 반대한 불순한 양심이었다고?

아무렴요, 기생파티에서 총질하다 독 깬, 군홧발은 그 문턱이 아니올시다. 시니피앙이 다릅니다

어떻게 여기까지 왔는가, 알갱이가 꺼멓게 쉰, 풋풋한 지성이, 용기가,
유신을 들이받던 붓끝이, 뼈마디의 아픈 기억을 거역하는지, 추하게 뭉개지는지

봄이 그냥 왔을까, 權慾을 필연이라 찬양하다니
빌딩만 드높이고 기득들이 비리 붙어 누리려 하고.

박정희 시대 10—상왕십리

밴드 쏘— 하나면 봉황을 모란을 수복을 건져 올리던 얼기설기한 자개골목 지나니까 신쮸집 이모노집 로꾸로집 에끼생이집 베아링집 보일라집 도금집 빠워집 발브집 가다집 선반집 밀링집 볼트너트집들이 다닥다닥 늘어선 골목길

이찌부니링고부, 후다인지항으로 통하던, cut out swich를 갔다왔다스윗지로 부르는 기름때 절은 말들이 어깨를 피하며 걸어야 했던 골목

발길 끊긴 갈보집처럼, 철거를 기다리는, 어쩌다 녹슨 양철지붕 조각을 덜거덩 덜거덩 바람이 지나가는, 길 떠나지 못한 도둑고양이 몇 마리가 골목 주인 되어 싸다니는, 재개발 바람이 휩쓸고 지나가니까 삐까번쩍한 고층 아파트가 자리를 차지하고 왕년의 왕십리, 싸요싸요 외쳐대던 1980년 쉰 목소리가 흔적 없이 묻히겠다.

박정희 시대 11—서울의 캉디드; 낙관주의

파이를 키우자고 나누면 똥 된다고
모아서 키우자고 국제경쟁 할 수 있도록
참자고, 파이가 커지고 있다고
국산품을 애용하자고 저축하자고 파이가 커지고 있다고
졸라매자고 땀 흘리자고 좋은 결과가 희생이 필요하다고
파이가 커지고 있다고
수출이 제일이라고 수긍하고 수긍하고 기다리고 기다리고
모든 것이 최선이라고

찔러주고 넣어주고 바치고 놓고가고 보내주고
서류봉투에서 골프백 사과궤짝 라면박스 차떼기까지
검-판사, 세무쟁이, 국회의원, 장관부터 기자까지
관이 덩그렁한 속물들 꿀맛 안 들인 놈 없으니
제가 전부 키웠다 나눌 수 없다 파이를 독차지하고
앞발로 차고 뒷발질하고 들이받으며 드잡이하는
코끼리 꼬리 터럭만 만지고
恐龍 재벌이 꼬랑지도 향그럽다 물켜는
모든 것이 최선이라고

썩어 문드러진 꿀 먹은 주둥이들 리히텐슈타인 '행복한 눈물'이 웃고
오천 년 역사가 웃고 밀수한 사카린이 웃고 16억이 큰돈이다

承志院은 그 뜻을 돈을 이어받자는
2007년 서울, 내부 고발자 김용철이 나중에 된 자다
하수인으로 전락한 대한민국의 엘리트들, 역사에 죄 짓는 꿀, 꿀, 꿀
양심은 黑心하고 白心이라고
모든 것이 최선이라고

밀어주고 쌓아주고 몰아주고 넣어주고 끌어주고
증여세가 은근슬쩍 비켜가는 것이고
재벌 2, 3, 4세 거침없이 삐까뻔쩍한 질주, 될 만한 것은 싹쓸이하는
대물림 되는 부, 대물림 되는 가난, 심판이 눈 감고
파업=불법, 경제에 해 된다고 매질하고, 전투경찰이 진격하고
잘나가는 대한민국, 잘나가는 재벌천국 상속세 잘라먹는
대한민국이 우리나라가 아니다 재벌들의 나라— 어쩌란 말이냐?
바탕이 흔들리고 수긍하고 수긍하고 기다리고 기다리는 캉디드
모든 것이 최선이라는 말씀

박정희 시대 12—철갑 코뿔소

눈을 부라린다 째려보고 있다 콧숨을 벌름거리며 발굽으로 땅을 걷어찬다 으르렁거리며 외뿔을 창처럼 휘둘러 위협을 보낸다 서울 복판에 나타난 코뿔소다 동물원에서 길들어진 코뿔소가 아니다 신호 떨어진 네거리 앞 카레이서처럼 오직 앞만 보고 돌진하는

어떤 것이 사포질로 예리하게 날을 세운다 차가운 금속성을 먹여 딴생각 못하게 각인시킨다 날이 갈수록 온몸이 날카로운 금속으로 변한다 양보라는 단어를 처음부터 입력시키지 않는다

금빛은 남겨두지 않고 송두리째 집어삼키다 금똥을 눈다 우르르 몰려다니며 뿌린다 세종로는 금똥으로 분탕질됨. 여의도가 마찬가지, 파란집 대문도 금빛을 발한다. 조금 잘난 사람도 입을 다물었다 귀를 막았다 눈을 감았다 코만 조금씩 커간다 으르렁거린다

이름 있는 탤런트가 리스트를 남기고 죽었다
누구는 세금을 16억씩이나 냈다더라
1억짜리 시계가 있다는 거 예전에 알지 못했다
지구가 소리 없이 돌아가고 비가 오시는데 웬 레퀴엠
오늘이 매헌님의 탄신일이다

3부

인도기행

인도기행 1—철벽

태어나는 것이 죄 된 사람들
그림자 밟아서도 안 된다고

억지로 씌워진 굴레, 불가촉천민
카르마는 끊지 못하는 족쇄
바위산에 새겨진 낙인이라고

되뇌게 하고 되새기고 되뇌게 하고 되새기고, 되새기고

눈 코 입 똥구멍이 같은데 낙타가 된 생사람들
훗날에 적셔지고 물들고 무감각해진
알아차리지 못한
의심하면 안 되고 해로워지는
아직 익지 못한
미리 치른 대가 갚아야 한다고

되뇌게 하고 되새기고 되뇌게 하고 되새기고, 되새기고

인도기행 2—니체는 알고 있었다

짐 편히 싣도록 무릎관절이 3단으로 꺾이는
무한한 복종을
붉은 모래사막 걸어가는 발걸음마다 긴 눈썹 밑에 고이는
보이지 않는 눈물을
달빛 모여드는 모래언덕 부조처럼 저만치에서
반추하는 회한을

제 등 내주는 대가 없다는 거 벌써부터 알고 있다

동녘 붉은 아침부터 달빛 그림자 지는 모래언덕 경사면
고개 떨궈 읍소하며 그저 좇아가는 발걸음들

한밤이니까 낙타의 모진 울음소리 들리는 거.

인도기행 3

긴 장대가 뒷덜미를 사정없이 후려갈긴다

기름방울이 튀어 흩어지며 불꽃이 솟는다 절단나지 않은 목이 등에 아직 붙어있다
후려친다 지글지글거리며 불꽃이 솟는다
부지깽이로 쓰인 장대 끝에 한이 묻어있다 힘 들어간 손목에 독기가 서려있다
또 일격이다 이번에는 몸통이다 불꽃이 또 치솟는다

후려치는 손목이 후련해졌을까
심장 아래 얼음덩이 조금 풀렸을까
맞는 매가 응어리진 눈물 알게 하였을까

벌건 대낮에 같은 우물물 마실 수 없다고 떼쓰던
불가촉천민 손에 의해 본연으로 보내지는
매 맞은 주검, 플러스/ 마이너스 零이 되었을까
分別하던 골통이 힘없이 톡 떨어진다.

인도기행 4—분별이 불쌍하다

어쩌다 반가운 가시 삐죽삐죽 목 타는 나무
바늘가시 사이에 혀 들여보내 잎 뜯는
갈비 앙상한 타르사막의 염소가 불쌍하다
가도 가도 붉은 사암 척박하게 굴러다니는 돌
불쌍하다 누렇게 말라비틀어진 풀 몇 포기 땅
자본으로 캐낸 深井이 노랗게 꽃피우는
철조망 안의'기름진 유채꽃
경계 밖이 항상 경계 안으로 빼앗기며 사는 것
움푹 패인 유목민 광대뼈
경계 안 넘겨보는 염소의 망막이 아프다
안과 밖, 위와 아래, 옳다는 거와 그르다는 거
분별 짓는 것이 언제나 불쌍하다
본래가 하나이던 날카로운 경계
인도가 자본주의가 불쌍하다.

인도기행 5—보물찾기

얼기설기 풀잎 덮은 집에 화장실이 없다
먹어야 하는 이유로
집 옆 엉덩이 깐 자리, 모래로 덮은 자리
돼지들이 주둥이로 헤집으며 보물찾기 한다
봄 소풍 명사십리 모래 속에 숨겨진 보물찾기
틀림없이 에덴동산의 아담 거도 돼지가 치웠을 거다
돼지가 살이 오르고 먹은 대가로 몸 바치고
그 고기 똥이 되고 돼지가 다시 먹고
고기 먹은 주검 위에 풀이 자라고
불가촉천민이 벌써부터 알고 있었다
바람과 더불어 사는 보들보들한 지구.

인도기행 6—노란 꽃보다 파란 밀밭을

유채꽃이 핀다, 아침부터 저녁까지 핀다
달 뜨는 밤에 핀다
기찻길보다 앞서 달린다
기차가 가지 않는 곳까지 달린다
꽃 위에서 해가 뜨다 진다
물소 똥 말리는 마을이 노랗게 물든다
밭 없는 집 아이들 눈이 동그랗다, 맨발이다
간질이며 자극해오는 꽃 물방울 향기
퐁퐁 터지며 은밀하고 매끄러운 곳까지
뜨겁지 않으면서 상그럽게 피부에 감겨오는
탱탱한 혈관, 심장에 이르게 하는
뽀-얀 거품 속 유채 향
노란 캔버스 차창에 팔다리 가는 배 불룩한,
휑한 얼굴이 겹친다, 유채꽃이 배가 고프다.

인도기행 7—사막의 밤

사막이 밤에 별을 부른다, 문명이 외진 곳에 별이 모인다
더럽혀지지 않은 땅에 별이 더 빛을 낸다
태초의 깃발을 간직하고 있는지
사막의 바람이 철학을 설교한다
풀 수 없는 기호를 사구에 새겨놓고
뜨거웠다 차가워지며 늘 깨어있으라 한다
비어있어 사막은 저녁 하늘이 넓다
비어있는 것이 좋은 거라, 어느 스님의 맞장구다
끝이 없는 사막, 끝이 없는 별
별 끝에 서 있다. 끝이 적막하다
장승처럼 서있는 낙타가 역사다
낮은 모래 언덕 위로 魂 하나 떨어진다
깨끗한 魂이었을 거다
비늘 반짝이며 유영하는 어느 광년의 물고기들.

인도기행 8—알 수 없는

거리에 똥 뿌리는 소들, 첨단 IT기술이 공존하는
하루하루의 생활이 신들이 뒤엉킨
역사의 오르가슴이 오늘이 어울려 사는
어디까지가 어제이고 오늘이 언제부터이고

올드 델리 챤드니초크 시장거리 사모사 냄새 풍기는
가완테와라 식당 앞에 늘비하게 드러누워서
굶주림으로 시드는 사람들
풍성한 냄새 먹고 살 수 없었는지
산 자와 죽은 자를 파리떼가 식별해준다

변하는 것이 좋은 것인지—변하지 않는 것이 좋은 것인지

인간의 영역인 오늘, 하늘 땅 구름 비 불 밤 낮 모두가 神
갠지스가 산 자와 죽은 자 함께 목욕하는
가슴이 넓은 神 강가였다.

인도기행 9—영혼이 있는 건가

불쑥 튀어나온 정강이를 부지깽이가 우겨 넣는 그
영혼이 불붙기 전에 떠났을까, 태워져 무뎌진 육신을 보며
숨이 정지된 순간, 뇌 기능이 멈추는 순간이었을까,
어디에 있었을까, 탈 것 없는 머리통 속, 기름기 지글거리는 가슴
어느 구멍으로 빠져 나갔을까

호모사피엔스 네안데르탈인 오스트랄로피테쿠스가
영혼이 있었을 테고
침팬지 지렁이가 영혼이 있을 테고
영혼이 가득한 우주
그래서 우주는 끊임없이 팽창하는 건가?
갠지스강 가트에 피어오르는 연기들
타들어가는 몸들

假說이다, 있었으면 함! 慾心이다
끝까지 버리지 못한 지방과 단백질 탄수화물 장작이 어우러져 탄다
그 연기, 강 건너 흩어져 없어진다
거기, 빈 하늘 그대로 있다.

인도기행 10—파르바티* 나신상

석공이 쌍심지 돋으며 거기 언덕을 몇 번이나
눈 속에 넣었을 거다
허리를 지나 미끄러져 내려오는 골짜기
손가락 세포마다에 담았을 거다
부드러운 사구 경사면 아래 오아시스
숨 꺾는 풀 숲속의 *妙妙*
기억해내어 감각을 더듬 더듬어
쪼아내고 깎고 다듬고 다시 기억해내어

자그디시 사원 남측 벽 흰 대리석으로 살아있는
양귀비 페르몬 향 내보내는 파르바티 나신상
목마르다는 뜻 바들거리는 잘 익은 구기자 클리토리스
차가운 돌덩이가 지금의 바지 속 달구게 하는지
사포 문지르던 손끝이 몇 번인가 떨렸지 싶은
수도승 神心 마디마디에 핏방울이 맺혔을.

* 힌두교 시바의 부인, 히말라야의 딸.

인도기행 11—하등한 질문

귤 하나 까 넣는다. 맛으로 변한, 형체 없어진
단백질, 지방, 나무가 어우러져 타고 있다
영혼도 함께 타고 있을까

남은 자가 슬픈 얼굴이나 눈물을 보이지 않는다
가야할 길 당연히 보내 듯
노잣돈으로 송진가루를 사서 뿌려준다
덜 탄 곳에 불길이 솟는다

몸이 다 탄다. 영혼이 다 탔을까
영혼이 갠지스 건너갔을까
나무가 갠지스 건너갈까
푸르스름한 남은 연기 갠지스 건너간다

타고 남은 거 강에 뿌려진다
물고기 뼈가 튼실해진다
아메바 영혼이 살찌워질까
고등동물 하등동물 사이 영혼이라는 간극이 있는 건가
고릴라의 다섯 손가락 손톱을 보지 않은 건가

강가를 건너는 本體 상실한 幽體離脫이 있었을까
빅뱅에서 이탈한 헬륨 원자 몇 다발이

24시 지난 저들만의 집합소를 만들었다는 건가
137억 광년을 거스른, 열역학 제2법칙을 벗어난
다른 갈 곳이 있다는 겐가.

인도기행 12—똘레랑스

매끄러운 팔 잘리고 은근한 눈 패이고 기다리는 사타구니 찔리고
목 잘리고 터지기 전, 젖가슴이 도려내지고
남근이 후벼내어 부러뜨리고
열화로 부풀어 헐떡거리는 몸에 누가 몹쓸 짓 했는지
조금, 기다려주지 못하고

카주라호 락시마나 사원, 어쩌지 못하고 천년이 목마른 미투나
예루살렘 학살을 배워 도끼와 칼 휘두른 저들
신의 이름으로 10일 동안 10만 명의 목을 자른
카이버 고개 넘은 고결하고 성스러운 피
제 몸 보지 못하는 번데기
갑피 속에 갇혀 신과 신을 가리지 못하는

똘레랑스, 깃발이 아름답다
내리치는 손목에, 독 오른 이빨에, 핏발 선 눈에
장미를 건네는
나만이라는 동굴 속의 잣대, 각을 씻기는

똘레랑스, 깃발이 눈부시다
무지의 장막 건너편에 원초가 혼돈이었느니
조금 기다려주지 못하고.

인도기행 13

종추 흔들어 잠자는 신을 깨운다
손뼉 쳐 접신의 신호를 보낸다
푸자 올린다. 향을 피운다. 기도가 간절하다
얻고자 하는 거 많은가 보다 기도가 길다
이루어진 모든 것들에게 영광을 돌리겠노라고, 지극정성이다

인기척도 모르고 잠들어 계시는 신
피곤하니까 졸리시기도 하겠고
어떻게 잠든 사이에 전지전능하신지
누가 잠든 동안 고자질하는지
음식을 드실까
신은 양고기와 사람 피를 좋아하시지
술 즐겨 마시시지
주, 과, 포 빠지니까 제사가 아니지, 포도주 채운 성배
섹스 하실까

동정녀 아니니까 안 하실 거다
아무에게 들이대지 않는 거, 알잖아
때 없이 종 울리는 거 손뼉치는 거, 아니야
여신과 작업 중이실 때 낌새 모르고 종 울리고 손뼉 쳐봐
침대에서 전화 벨 울릴 때 기분 알지
틀림없이 기도 반대되는 것을 내리실 거—

인도기행 14—마할의 왕관

2만 명 장인이 손목 잘리고 눈 패이고, 무굴제국 말아먹고, 샤자한의
예리한 눈을 명석한 용맹을 멀게 한 팜므 파탈

그 여자가 다이아몬드 테 둘렀을지 모를 일이다. 더 여릿여릿하고 나긋한 많은 궁녀 있었을 텐데, 발리 댄스 잘 추는 명기 있었을 텐데

우유빛 대리석 속살 파내어 남빛이 사파이어 초록이 에메랄드, 붉은 꽃잎이 루비를 깎아 심어, 휘고 굽도는 피에트라 듀라의 아라베스크 문양, 돔 찌르지 않고 조우하는 미나레트, 생명 없던 돌덩이에 아그라 하늘이 광나고

무굴식 수로에 달빛이 교교하게 뿌려지는 밤, 지하의 티끌 된 남녀가 관 뚜껑을 열고 흰 대리석 은은한 묘궁을 거닐며, 영원한 사랑을 노래 받고 있는지, 무한한 여름밤을 주절이고 있는지

만년설처럼 우뚝한 저녁 빛에 물든 발그레한 타지마할, 뭄타지마할의 상기된 젖무덤 닮은

거기의 지금, 아무나 강이 아무렇지 않은 듯 흐르는.

4부

나와 나타샤와 검은 당나귀

나와 나타샤와 검은 당나귀

푹푹 눈이 내리는 저녁이니까 가난한 내가 아름다운 나타샤를 사랑해서
대학로 돼지껍데기집에서 소주 한잔 걸치고 싶다네

출출한 식도 출출히 적시는 알코올
쫀득하게 혀끝 감겨오는 콜라겐 육질
이런저런 이야기며 속내 털어놓고
쓰잘데기 있는 꿈 이야기
러시아를 말하다 망치 맞은 꼴싸다구니 웃어주고

푹푹 내린 흰 눈에 산골된 검은 도시
더러운 세상한테 진 나타샤가 눈물 그렁이고
약간은, 휘둘리는 술잔을 부딪치며
지구의 종말을 기념하다
사금파리 묻어놓은 거 낄낄거리다

마로니에 눈꽃 딴 세상 아래
취기 올라 불그스레한 어른 나타샤
돌아갈 마가리 없는 우리가
눈길 조심하라고 잘 가라고 몇 번 당부하고
돌아오는 차 속이 아득히 눈 속에 묻히고

이런 밤이니까 검은 당나귀라도 끼룩끼룩 울면 좋을 텐데.

나비가 나는 곳

탓할 일은 아니다 잘산다는 것이 일 안 하고 편히 잘 먹고 잘 입고 대궐 같은 집에서 떵떵거리며 사는 게다 옛부터 사는 게 그렇지 않았더냐 뱃속에서부터 가르쳐오지 않았더냐 종종걸음 학원가 드나들게 하며 밤낮으로 넋을 잃게 만들지 아니하였더냐

목표는 하나다, 돈 많이 버는 거다 강남에 조그맣더라도 빌딩을 사는 거다 달달달 외워 잘 찍어 명문 대학 들어가 돈 많이 주는 직장 가는 거다 학원가의 그 많은 셔틀버스들, 투자가 자본의 필수, 최대 이윤이 자본의 꽃

월세 받아 평수 넓은 아파트에서 먹고 싶은 것 하고 싶은 것 보고 싶은 것 다 누리고 사는 거다

불안하고 두려우니까 현금을 배불리 하고

기술자 예술가 변호사 사업가 정치가 종교가

너와 나의 욕망이 다르지 않으니

음식점 주방에서, 양복점 재단실에서, 밤늦도록 흘리는 진덤진덤한 저 땀이 무엇이더냐

고산자 김정호 부르튼 걸음걸음이 명리를 위한 투자였느니라.

내 얼굴을 만나서

生의 밑바닥 붙잡고 있는 페이소스 눈 아니다
지금에 쩔어 기름기 찾는 똑똑한 배둥이다
남루한 모습 검은 베레모, 먼 곳 바라보는 휴머니스트 아니다
처진 하루를 갈지자로 때워 가는 비틀어진 얼굴이다
세상에 미리 반주 맞추는 어릿광대
패기가 뽑히고 초점 잃은 눈동자
콧잔등 어깨 무너진 웅크린 그림자다
버둥대다 꺾인 모로 걸으려던 의지
다 그런 거, 말하기 화나고 안타까워
어쩌다 그 사내 가여워집니다

미워하다 연민하게 됩니다
코르다* 사진전에서 잊고, 버린 체와 마주쳐
아찔하게 치밀어 오르는 핏덩이
사탕수수밭 농부 일하는 그의 온기에 적시고
돌아오는 걸음 걸음마다에서
몇 번을 사죄하고
한 사나이 침몰하는 뒷모습이 보이는 거

*체 게바라의 사진을 찍은 쿠바의 사진작가.

외순환선

엘리사, 소리 들렸다
곱상한 여인네가 사람들 틈을 비집고 출입문을 향하는데
지하철이 막 출발한다
간절히 손과 손을 맞대보지만 체온 없는 유리벽
이 여자 다음 역에서 내려 이전 역에 가지 않을까
그 남자 기다리지 않고 뒤쫓아 오지 않을까
못 만나면 어쩌나, 만나면 어쩌나, 얼마나 많은 역들이 엇갈려갔는가
어느 간이역이었는가
명동의 밀려가는 인파 속 스쳐가지 않았을까
선글라스를 끼어 알아보지 못했을 수 있다
내일 이 시간에는 만날 수 있으려나
왕십리에서 만나게 되나
돌아오는 봄에 만나나, 죽기 전에 만날 수 있나
2109년에 이 역에서 만나겠지, 다시 태어날까
끝없이 같은 자리 돌아오는 2호선

다윈

1835년 비글호가 갈라파고스에 가지 않아야 했다
찰스 로버트 다윈이 비글호를 타지 말아야 했다
갈릴레오 갈릴레이가 고문 틀 앞에서 그랬듯이
새가슴이어야 했다
갈라파고스 땅거북이 눈 2개 콧구멍 2개 발톱이 5개라는 거
보지 말아야 했다 말하지 않아야 했다
이구아나 발가락 손가락이 감히 5개씩이라니
한 틀에 대고 찍어낸 것인지,
덮어두어야 했다
1859년 算筒 깨뜨려서 안 되었는데
돼지 멱따고 배 가르니까 허파와 위장 간장 염통 신장과 지라
충수염 일으키는 맹장까지 인체 해부도 같은
암퇘지와 수퇘지 쾌감에 젖은 다음, 돼지 닮은 돼지 새끼들
고사상 위 돼지머리, 머릿속에 돼지의 靈魂이 있다는 거.

대문을 찾아야 한다

양쪽 따귀를 사정없이 후려갈긴다 분을 참지 못하고 씩씩거린다 패 죽이고 싶다 디지털 혈압계가 180~190 오르내린다 오늘은 결단코 지켜내겠다 빗장 걸고 독을 품었는데 문이 쉽게 열리다니 정말 한심하다 친구의 등단 축하자리 촛불 밝히고 덕담 곁들인 술잔을 주거니 받거니, 대문이 열려버렸다 아예 대문을 송두리째 파내어 깔고 앉아 헤어지기 서운타고 돼지껍데기집에서 딱 한 잔만 더 하자고

몇 순배 더 돌아가고 반도 국가에서 웬 운하냐고 신종플루에서 살아남자고 대단한 약속을 하다 술집을 옮기자고 만장일치 가결하고 조금 비틀거리지만 중심 꽉 잡으며 정말 입가심 한 잔만 하자고 사거리 포장마차에 들어섰다.

리빙스턴을 슈바이처를 말하다 망치를 휘두르며 神을 죽인 자를 위하여 건배하고 588처럼 다 보여주는 것 아니라고

낄낄거리다 무엇인가 또렷하지 않지만 아주 중요한 그 중요한 이야기에 열변을 토하면서 결론 없는 말들이 자전하고 술집 대들보에 부딪치고 술집을 메우고 자유 평등 평화 행복 가득한 곳 희망의 나라를 외쳐 불렀다 쌓이는 빈 병들이 쳐다보는데

손발이 모든 관절과 근육이 맥이 없다 움직이기 싫고 움직일 수 없다 삐거덕거린다 눈뜬 정오, 혈압과 혈당 재보지 아니함만 못하니 화가 치민다 짜증 난다 더부룩하다 울렁거린다 허심

하다 푹 가라앉는다 게워내고 싶어도 헛구역질이다 전신의 피가 역류한다.

어떻게 왔는지 택시비는 주었는지 추태는 부리지 않았는지 알코올 절여진 세포들이 모두-서서 아우성이다 또 따귈 갈긴다 발길질한다 진액 소진된 정신과 육체, 간밤의 일탈 대가 톡톡히 치룬다 줄지어 서있는 명패들이 다 고꾸라진다 황폐한 땅, 대문을 찾아야 한다 빗장을 찾아야 한다.

Lake Tahoe

눈물이 없고 꼬집어도 아프지 않을 것으로 생각했다
미개인이었으니까

저들, 베링 해를 건너온 몽골 반점들이 언저리 전나무 아래
움막 짓고 살았을
눈빛처럼 맑은 해발 1890m 산정호수 레이크 타호

갈증을 채울 물과 먹을 것을 베푼 대가로
이미, 십자가 흘린 피로 그들의 죄를 사한 죄를 사함 받지 못한 죄로
버팔로처럼 사냥놀이의 과녁이 돼버린
이 땅 주인들 마음을 닮은 바다— 같은 호수

카지노 스카이라운지에서 주눅들 발음 탓에
산 정상의 붉은 낙조 같은 핏빛 덜 가신 스테이크를 자르다 문득
건너편 바위틈에 웅크려 떨고 있는 널
처절하게 도륙 앞에 선 날, 보았다, 잊혀진 이름 泰湖

마른 강가에서

어두움 속에서 건져 올린 조가비들
그릇 안에 줄지어 선 모래톱들
배꼽 다 드러난 광대의 씁쓸한 얼굴같이
드러누운 강에 아무것도 남지 않았다

모래 바닥 뒹구는 자갈돌들들
마른바람에 떨고 있는 풀잎들들
꿈속에서 깨어나 칭얼거리는 홀씨 하나
물 없는 강바닥에 허우적거리고 있다

실핏줄 뽑아 피워보는 잎사귀들들
궤맞추고 당기고 감아보는 물레질에
가벼운 깃털들이 빈 하늘 가로지르며
소쿠리에는 검은 고치들이 바람에 쓸린다

이제, 벗어버릴 실오라기가 헤어지고
탑을 서성이던 시계 소리가 잦아들고
물속에서 막 날아오른 잠자리의 날갯짓
갈라진 바닥을 떠나 강이 태어난 샘 찾는 일.

말뚝이

후련하게 게워내며 얼쑤얼쑤 추임새 넣는 구경꾼들
어깨가 절로 들썩인다.
꼴리는 대로 되바라진 몸짓에
향피리 자지러지는 삼현육각 굿거리장단
아홉 박자 마디마디 회한과 넉살이 묻어나고
기세당당 말뚝이 놈 재담 휘어들고 감아들고
손짓 몸짓 엉덩이 짓에 박수 터진 넷째 마당
탈 밖은 웃음판 굿판 살판났으나,
안에서 그가 꺼억꺼억 운다
잘하고 오라던, 허옇게 시들은 앙상한 손이
중환자실에서 꺼져가고 있단다
얼쑤얼쑤 내어젓는 손끝이 파르르 떨린다
두건 적시는 물기가 신명나는 춤 때문이 아니라는 거
탈 안과 밖의 세상이 다를 수 있는 거
덩기덩기 덩기기 덩기 덩기덕 쿵따
말뚝이 놈 춤사위에 안달 난 어깨들
얼쑤얼쑤 대박 터지는 소리.

바다로 간 나비

청량리 뒷골목, 꽃을 보지 못하고 태어난 검댕 뒤집어쓴 노랑나비, 제 어미처럼 길다란 골목길 그렇고 그런 집들이 전주를 따라 다닥다닥 늘어선 동네를 세상 전부인 줄 아는

아스팔트 경계석 틈바귀에 겨우 돋아난 초록 씨앗 하나를, 쓰레기 봉다리의 설탕물 남겨진 깡통 테두리를, 히뜩히뜩 꽃핀 배밭으로 아는

제 갈 길이 바쁘기만 한 넘쳐나는 발걸음들, 우글우글 괴성을 내지르며 달려가는 기계들, 달콤한 꽃눈의 보드라운 씨방을 모르는 겹눈은 온 세상이 빙글 돌아가는 사각인

모두들 달려가는 곳이 길일 거라고 덩달아 따라나선 나비, 내려다보니 아찔한 낭떠러지, 날개 접으니까 추락이다.

부정문 속의 유희

숨겨뒀던 잎사귀를 마술처럼 내미는 느티나무에서
박새 두 마리가 언제부터 쫓고 쫓기며 티격거린다
암컷 앉은 가지에 수컷이 날아가 옆에 앉으니까
암컷이 냅다 달아나고
수컷이 암컷을 또 쫓아가고

나쁜 놈 존심도 없나 싫다는데
윗가지에서 아래가지로
또 옆 가지로
나뭇가지 사이에 끝없는 시도와 도망,
나쁜 놈 싫다는데

얼마 후 산꽃들이 교태로운 냄새 흘리는 숲속에서
포란하고 있는 두 마리의 박새를 봤다
부정문 속에 숨겨있는,
저 가증스러운 긍정의 몸짓
나쁜 놈 싫다는데

꽃씨를 받으며

계절이 훑고 지나간 빈 뜰
말라비틀어진 꽃대에서
꽃씨를 받으며
별빛을 벼르며 씨앗을 심던 봄날
고운 빛깔로 눈부시던 여름날이 그리워한다

한 아름 해맑은 햇살이 내리꽂히어
나뭇가지마다 싱그런 가슴이 열리고
터질 듯이 발랄한 촉촉이 젖은 입술
순색으로 빚어진 매끄러움이며
작은 물방울에 빛나는 이른 새-아침에
풍겨오는 진한 너의 관능과
가슴 깊이 전해오는 떨림

몇 굽이를 돌았을까
비켜갈 수 없는 세월- 고리에
비틀어진 너의 가냘픈 허리와 다리
볼품없이 새까맣게- 추해진 얼굴
네 세상의 점을 거두며
출렁이는 하늘 뒤에 돌아올
그날을 선선히 기다리련다.

그냥 내버려두소서

저를 영생하지 않도록 하소서
한정된 햇볕으로 넘쳐나며 살아가야 할 텐데
제 옆 없는 자의 햇볕을 가리고 싶지 않습니다.
늘 따라다니는 두통과 우울 연민이 함께라니
영생하는 괴로움에서 헤어나고 싶습니다.
저와 98%의 DNA가 같은 생쥐가 영생한다면
얼마나 애통하고 슬퍼하겠습니까
좋은 것들 아름다운 것들이 가득함에 대한 권태로운 그 많은 날들을
어떻게 보낼 수 있는지
사랑하는 이의 손을 잡고 심장이 미어지는 섹스도 할 수 있는지
그 사랑 무뎌지면 죽음보다 더한 시간을 어떻게 견뎌낼 수 있을지
저를 그냥 몰락하게 두소서
여기가 낙타가 살지 않는 땅
미루나무처럼 살아가는 아내들 그리고 포장마차
장수 막걸리
할아버지, 할아버지의 할아버지가 함께하는 이곳에서.

경계면, 한쪽이 늘 시리다

내가 거기를 걸어왔네, 붉은 피 흐르는 모서리
네가 아니면 나일, 늘 어느 면에 껴야 하는
두렵다는 거다, 모른다는 거, 그 한쪽이 다른 한쪽을 모른다는 거
하늘과 땅, 붙어있으면서 가고 가도 끝이 없는 지평선
그가 그를 알지 못하고 그가 그를 모르네
무한으로 이어지는 반목이 굴절이 칭얼대는, 그래서
네가 나를 내가 너를 밀고 당기는 작용점

내가 거기를 바라보네, 보이는 듯 보이지 않는
경계면을 따라 흐르는 종극이 불안
세상에 사라지는 것이 연쇄상으로 어둠을 향하네
둥그런 종소리 속, 속하지 못한 내 때깔 외갈
어느 면인가 밟아야 하는
흰색이 흰색으로 검은색이 검은색으로만 이유인지
사라지는 것이어서 만나지 못하는 것이어서

내가 거기까지 알 수 없네, 웅얼거리는 저마다 빛깔이
끈적끈적 엉켜 붙어 각을 이루며 쌓은 덩어리들
그 지각의 단층 아래, 면과 면이 눈깔과 눈깔이 마주보며
오늘이 괴성처럼 낯설어진 다른 면에 서있어 내발이 아리네
눈 감으면 면과 면이 빛깔이, 빛깔이 사라지는

곡면 끝에서 반기는 검은 연기 자락, 저녁햇살이야
두렵다는 거다, 늘 모서리에 서있어 옆구리가 서늘하기에

떡값; 반들 반들거리는 낯짝

탄탄한 우뚝 바위 아래 기름진 떡, 그냥 놔둔, 게 아닌데
군침 돌게 하는- 돈 들이지 않았을 리 없는
누구, 무량한 의도 들인- 떡 치곤 비싼 떡
무탈하고 돈 많이, 더 벌게 해달라고 밑밥 뿌려놓은 건데
잘 돌아가라고 미리 기름칠한 건데

그냥 먹을 리 있을까?, 먹었으면 대가를 치러야지, 양심이 있지-그렇지
먹었으면 물 켜야지- 그게 양심이지- 그래? 양심이 있으니까
아무나 먹으라는 거 아니다, 아무나에게 주지 않는 거, 떡 좋아하는
입 큰 놈에게 주고, 먹을 힘 없는 놈에게는 안 준다
X-파일*에 이름 석자 올리지 못한 넘까지

'어' 다르고 '아' 다르단다, 그것 이력이 잔뜩 올랐는데 말야
못 본 체 하니까 된다니까, 안 보니까 될 거 아니야, 고개를 약간 젖히면 돼
쬐끔 봐 주었나? 끄나풀 程度 흘린 건데, 전화 한 통뿐인데, 긍정적
검토한 거뿐인데

>

대가성이 없다고?, 낚시질 안 해 봤다고 온 지구가 아는 밑밥,

모른다고?, 소가 하늘 가리고 웃는 까닭

그 넘이 그 넘이라고 일찍 깨인 수탉이 울타리에 올라가 홰치는 까닭

돈 준 넘~~~~~~~~~~~무죄

돈 받은 넘~~~~~~~~~~~무죄

돈 받았다고 떠든 놈~~~~~~~~~~~유죄인가? 무죄인가?

아- 아- 대 한 민 국

아- 아- 우 리 조 국, 잘 나가는 우리조국

檢事라는 게 본래 떡값이라는 거를- 받아먹는 거니까

그래 사법고시라는 게 어렵다는 까닭.

* 1997년 삼성그룹이 전·현직 검사 7명에게 뒷돈을 챙겨주었다- 안기부 도청 녹취록을 말한다.

가을밤에

사르륵 바람 스치는 댓잎소리에 깨어
나선 발치마다 진득이 묻어나오는 달빛
토담구멍에서 고개 내밀던 생쥐가
인기척에 놀라 잽싸게 숨고
벌 건너 순이네 집이 유난히 또렷하다
붉게 익어가는 사과나무를 흔들며
수수밭 고랑에 파도를 일으키는 공기
누군가 오랜 길 돌아 터덕거리며 온다
산등성이에 둥그렇게 걸린 달빛 보고
이따금 웡웡 짖어대는 검둥개 소리
푸른 잎사귀마다 고루 내려진 햇살의 노고에
벼논 콩밭 유자나무 할 것 없이 두루 빛나고
고랑마다 물대기에 종일 땀 흘렸던 여름이
이 밤, 소리 없는 잠에 빠져들었나 보다
아무렇게나 둘러앉은 초가집 안뜰에
하얀 달빛에도 알밤이 고스란히 익는다.

MRI

화구 안으로 천천히 밀려들어가는 나를 본다
문틈으로 손 흔드는 가족들
손발 묶지 않았다. 머리 고정당하고 담요 덮혔다
물질이 된다 가공당한다.
이상하고 묘한 bite 음향들이 뇌를 흔들어 스캔한다
헤집는다. 더듬는다. 저미어진 뇌수와 까만 수박씨
무엇을 찾을까
bit 단위로 구성된 단어조각과 문법 나부랭이
수학공식과 주기율표, 좋았거나 나빴거나 흑백 또는 컬러 사진
아내들에게 한 번 말하지 않은 여자 이름
빅브라더가 기억의 단백질을 바꿔치기하면 어쩌나
두개골 속 나의 영혼은 삼각형이거나 사각형이거나
무슨 색깔 몇 그램 몇 센티일까
영혼이 가슴에 있는 거 아닌지
단백질 덩어리일까
조정자는 나의 내밀한 부분을 샅샅이 훑어보았을 거다
두려운 거다 밖으로 나오는 거

에필로그

한 남자가 포크를 멋지게 던져 딱 가운데에 꽂았다.
개들이 짖는다. 프랑크푸르트에서도 짖는다.

편집회의 열기가 뜨거웠다. 의자들만이 심각하였다.
황혼이 뒷걸음치는 나우루공화국, 늘 비가 오지 않는다.

허리가 탈이 났는지 병원에 갔다. 의사가 고개를 끄덕거렸다.
쓰나미에 의한 쓰레기 더미가 하와이를 향한다.

고양이가 뒷발로 설 수 있다는 것이 인류학적 관점에서 사실이었다.
진창된 국회, 국회가 돈이 필요하다. 늘 잠잠하다.

호남고속도로에서 사고가 났다. 3명 사망하고 나머지가 다치지 않았다.
신부님이 인샬라 라고 해, 나도 인샬라 하고 욕해.

콜로세움

코피를 쏟는다. 캔버스에 콘크리트 기둥이 나뒹군다
라이트 잽에 이은 레프트 어퍼컷이 턱에 꽂힌 거다

땀범벅 힘줄이 꿈틀거린다
뉘인 자의 세레모니, 대흉근을 쥐어짜 마음껏 휘두른다
짐승— 울부짖는다
찢기는 살덩이에 환호하는 콜로세움의 광기
불끈불끈 솟는 힘

결핵 병동의 핏기 없는 손가락, 힘이 보이지 않는다
쿨룩이다 날이 샌다
정신이 남의 집 살림이다. 몸이 첫째였다
폐가 터지도록 노래 한 번 질러봤으면
20미터만 뛸 수 있으면

식은 땀에 불빛이 기우뚱거리는 밤
있는 힘을 다하여 내지른 헛발질, 레프트 어퍼컷.

생졸 1632-1677

평행광선이 렌즈를 지나니까 초점을 지난다. 도립실상이다
망막에 맺힌 상 그대로다
세상이 망막에 수렴되는

초점을 지난 광선이 평행으로 간다. 직립허상 발산이다. 멀리가 가까이 보이는
허상이 신기루다. 천사가 아지랑이다
아름답다 크다고.

중심을 지난 광선이 같은 방향으로 간다. 굴절 없는
세계 관통하는
모든 고귀한 것이 어렵다 드물다고 그가
우주 끝을 실상으로 보고 있었다

보이지 않는 곳을 바라보려, 보이는 것을 보지 않는 사람, 들
거울 너머 세상을 찾으려는 가자미눈
종복을 대가로 지불하고, 어떻게 그냥 흔들리는
사과나무를 비켜갈 수 있을까. 한 그루의

神이 나다. 슬퍼할 수, 죽을 수 있는

외계 노마드

안테나 곧추세워 우주골짜기의 지적 생명 탐색하는 해트크리트의 SETI*
호킹이 그만두라 한다 숨소리 들리지 않도록
당장, 꼭꼭 숨어서 살라 한다

몇 천 억 별이 만든 은하, 그 은하 1000억 개 중 생명의 별도 있을 테고
크리스토퍼 콜럼버스 신대륙 발견이 원주민 학살되듯
도래한 문명이 학살하고 빼앗을 테고

대포천둥 울린 이들을 신으로 믿다 당했듯이
궁창 열어 생명의 번식을 주도하였으니까 익은 열매 수확할 테고
神이라 불리는 것까지 멀리해야 한다—접촉을 피해야 한다

외계 유목민의 허기진 배 채울 인간의 피와 살덩이
머리카락 보이니까 지구가 멸망한다 마추픽추처럼 마야인들처럼
안테나를 접으라 한다.—소리 없이 살라 한다.

* 외계지적생명체탐색연구소.

숫양 먼저 잡아먹혔을 거다—어느 여배우의 자살에 붙여

정벌에 이력난 칭기즈칸의 날랜 군사들
그 뒤에는 양 무리가 따랐는데
단단한 뼈가 강한 화살로 힘줄이 활시위로
기름진 살이 전투식량으로 털가죽이 전투복으로
숫기 번득이는 성기들의 배설용으로

밤 초원을 가로지르는 양들의 자지러지는 울음
당한 양이 뛰어내리고 싶었을 거다
발정한 거 차지하려고 결투를 벌였을까
보다 본능으로 독 오른 날카로운 이빨 부딪치며

불빛 밝은 도회 밤, 호시탐탐 노리는
못 발리는 네 발로 꿈틀거리는 뱀 대가리들
그날 이후 분당 아파트 단지에 비가 내렸고
이그러진 양이 밧줄 대신 스타킹으로 목을 매었다
리스트에 오른 수컷들이 승자였다.

세렌디피티

우연히 아주 우연히 눈빛 스친 명동에서
아찔하게 꽂힌 그녀에게 말을 걸고 홍차를 마시다
멘델스존 한여름밤의 꿈 바이올린 선율에 취해서
이름 직업 전화번호 말하지 않기로 하고
사보이 호텔 방문을 걸어 잠궜다.

- Don't disturb! -

힘줄이 터지도록 소금기 배인 능선과
매끄러운 구릉을 따라 덤불지대를 탐험하다가
이그러지는 불그스레 농익은 복숭아를 내려다보면서
솟아내는 과즙을 함박 울음을 올려다보면서
죽음까지 다 잊어버리고
배꼽 아래 붉은 점 있는 것 이 세상 끝나도 말하지 않기로
60억분의 1 확률로 혹 만난다면 하릴없는 우리가 모르는 척 하기로
영원한 정말 영원한 1일이었다고.

손가락

가을을 남기고 떠난 사람 겨울은 아직 멀리 있는데—
패티김 노래 아니까 손가락 움직여봐요

둘째 손가락이 가느다랗게 떨린다. 온몸으로 움직인 거다 그녀의 질식한 뇌가 대단한 일을 해낸 거다 어제보다 좋아졌어요 눈을 떠봐요 그렇지 그렇게 그래 잘했어요. 왼쪽 눈꺼풀이 조금 움직인다. 잘했어요. 재활치료사의 연이은 독려와 칭찬이 눈물겹도다.

뽀얗고 토실한 얼굴의 그녀가 품위 있는 중년 부인인즉 백화점에서 쇼핑하다 쓰러졌다

있는 힘을 다해 손가락을 눈꺼풀을 움직이는 그녀, 그래도 아래로 내려가지 않고 위층으로 올라왔다 앞으로 샤넬 향수 바를 기회 있는 위, 냉동고 있는 아래, 얼마나 다행이지만 아깝지만, 드레스실에 걸려있는 철따라 이쁜 옷들과 구두 진주 목걸이 파드닥거릴 한참 물오른 그녀의 풍성한 몸.

가을을 남기고 떠난 사람 겨울은 아직 멀리 있는데—
이 노래 들리니까 손가락 움직여봐요

쑥뜸

이따금 아파오던 손마디가 손목까지 시리다
움켜만 잡고 살아온 탓인지
디딤돌 높이도 모르고 바람을 드잡이한 세월 너무 깊어
관절에 바람이 들어갔는지
마디마다 부어오르고 욱신거렸다
생살 패어드는 저들의 아픔 아랑곳 않고
밑동까지 긁어모으던 손이 탈난 거다
손을 펴면 통증이 누그러진다
늘 움켜잡지만 말고 펴서 내려놓고 살라는지
거슬러 오른 세월 떠밀리면서 살라는지
관절마다 뜸쑥을 올려놓고 불을 지폈다
타들어오는 뜨거움이 짜릿하도록 시원한 자리
뜸자리마다 부풀어 오르며 물집이 생겼다
오랜 풍상 움켜잡는데 옹이진 고질을 단박에 고치겠다
어거지를 또 부린 거다
통증 가셨던 마디마디가 다시 아려온다.

連陸橋

너는 이제 처녀가 아니다
은빛 전어들이 별빛을 좇아 싸다니는 밤바다를
이리저리 그저 제 맘껏 떠다니다
남쪽바다 어디쯤이어도 괜찮고
하루 이틀 또는 한오백년이면 어떠랴
닻 내렸다 들어 올리고 떠나면 그저 좋은, 그러나
대륙을 무질러온 산맥의 뿌서리에 거다리한 연분 탓으로
구릿빛 뱃사람들도 약해지는 험한 풍랑이야기와
거룻배들이 출렁이는 포구로
남풍에 쫓겨 들어오는 달빛들도 보듬어낼 수 없는
너는 이제 그물 안에 붙잡힌 팔딱거리는 농어
해무 가득한 꼭두새벽
설레며 떠나왔던 놋봉소리 위를
도시냄새 풍기며 씽씽 자동차 달려가는 연육 나루터
그 활 휘어진 철재 난간 위에
흰 새 한 마리, 쏠려가는 물살을 내려다보고 있다.

圜寂庵에서

낙엽에 묻힌 암자, 향 내음 이는 툇마루 앞
또, 천년을 숨 쉬어야 할
피나무 고사목에
바람이 잠시 머물다 떠나간다
어디로 가는 것일까

지금 숨 쉬는 것들
전에 숨 쉬었던 것들까지
시공의 흙이 되는지
짙붉은 단풍들도
가지 끝에 매달린 끝물 감
애기 스님의 맑은 눈동자도
세월에 덮여서
흙 돌 속에 묻힌다.

소담 소담 가을볕 드는
원적암 툇마루
먼지 자욱한 산 아래
물고 물리는 허깨비 먹이 놀음 벗고
티끌 없는 하늘 한 조각으로
검게 때 절은 가슴뼈를 씻는 일.

말목

따개비 더덕더덕 목 늘어 빼고 뉘 기다리는지, 여윈 말목 하나
어촌의 호롱불빛이 어슴푸레 잠긴 바닷가
모래톱마다 빼곡히 새겨놓은 별 이야기
수많은 물결이 바람들이 지나가고
풀려나간 태엽들이 나풀거리는
이제는 가느다랗게 삭정이 된 허리
그리움이란, 뜯어내도 파릇이 돋아나는 파래 같은 것인지
먼 도회로 떠나간 뱃머리에서
어름어름 저무는 시린 햇살에 기대어
허옇게 쇠어가는 구부정한 말목 하나
뉘 매어놓은 다짐 있었기에

무한한 무의식

그의 무게 없어졌던 꽁초
구심력을 거역하고 길바닥에서 흔들거린다
팽팽히 채운 나머지다
연기가 잦아든다
허공으로 잦아든다
갈증이 잦아든다
풀지 못한 매듭
한 남자를 살릴 수 있던 연기
참 좋다, 흩어진다는 거 유한하다는 거
무의식으로 내던져진 무의식
무의식이 유한하다는 거.

무인도—이라크 포로의 용수를 보며

우리가 에덴을 모른다.
인사법이 다르니까 더불어 사는 것을 모른다

차도르는 남자에게 씌우지 않는 것을 모른다
눈은 보이게 씌우는 것을 모른다

야자수 살랑대는 천국, 카리브해의 관타나모
그 가시철조망 덩굴 안에 인간이 살지 않는다

살 찢긴, 피 솟구치는, 바그다드 사람의 비명과
채찍 내려치는 자유의 여신상이 있을 뿐.

乙

밥이다. 헛기침에도 꼬리 내려야 한다

쏠린 눈금의 반대쪽이 乙이다. 자리를 바꿔도 乙쪽이 올라가는
먼저 올라탄 甲의 무거움이 꼬랑지가 乙의 대가리에 앞선다

꼬시라지려는 푸른 잎의 비명이 3차부터 마지막까지 쓸개를 빼놓게 한다
입이 있되 말할 수 없는 날선 기울기
乙의 요구사항이 빈칸이다
마른명태처럼 쪼그라들어 있어야 한다

힘든 자, 수고하는 자, 벌거벗은 자다

비까뻔적한 도시의 피라미드 밑바닥 이룬
먹이사슬의 낮은 곳
꼬집히며 시원하시겠습니다, 추임새 넣어야 하는

날아봤자, 갑의 유리벽에 부딪치는 을의 날갯짓—말야

해설

김태암의 역사서술, 그리고 생명정치論

—『박정희 시대』

박찬일 시인 · 추계예술대 문예창작과 교수

김태암의 역사서술, 그리고 생명정치論
―『박정희 시대』

박찬일 시인 · 추계예술대 문예창작과 교수

빼앗기며 굴종당하는 가난한 인디오가 아니다
마야의 피라미드를 짓밟은, 잉카제국을 말살시킨
인디언들을 살육한 더 거룩한 문명의 후예
따뜻한 그의 양심에, 비참한 인디오의 희망에
총탄을 발사한 것은 이 시대에 준거된 날일이다
잘못이었다, 십자가에 못 박아야 했다
사지에서 흘러나오는 뜨거운 피가
볼리비아― 밀림을 적시고
아마존을 적시고 가슴을 적시도록

두루 얼싸안고 나누며 사는 세상을
차별― 없는 세상을
쉽게 잊어버리도록 한 방으로 처분한 것이 잘못이다
순색으로 살아가려 하였으니 대가를 치르도록 해야 했다
천천히 아주 천천히 고통스럽게
사위어가는 인디오의, 세로리코 광부의 꿈처럼

십자가에 못 박혀야 했다
천천히 천천히 아주 고통스럽게, 그 방식
—「체 게바라」 전문

억압-불평의 세계에서 메시아주의는 유대교-기독교의 그 메시아주의가 아니다. 게바라式의 그 메시아주의이다. 유물론적 메시아주의로서 김태암式의 당파성을 분명하게 각인시킨다; "십자가에 못 박"히게 하는 '희생제'를 치르게 한다. 희생양-조에의 방식을 사는 것으로서 '희생양-조에'와 유대감을 표현했다.

1. 들어가며—'집을 위하여Pro domo'

사회주의적 개혁의 상징 중 하나가 보험일 것이다. 의료보험-연금보험-산재보험-고용보험들이 사회주의적 개혁에서 출발했다. 비스마르크에 의해, '사회주의자법Sozialistengesetz'의 울타리 안에서, 보험제도가 실천에 옮겨진 1883년이 복지선진국가 '독일'의 시작이다. 작금, 복지국가 개념에 질병-노인-실업 문제 등 이른바 '옛 사회위험'의 시대항목들 위에, 저출산율-노령화로 대변되는 '새 사회위험new social risk'의 시대항목들이 추가되고 있다. 사회복지 차원에서 볼 때, 대한민국은 압축성장의 대가로서, 지금 두 가지 문제에 다 걸려있는 것으로 봐야 한다. 압축성장의 결과로서, '독일'의 경우와 다른 것으로, '선진국의 함정'이란 말이 바로 이런 국면에 대한 명명이다.

증세와 정부지출억제는 상호모순이다. 증세의 목적이 '정부지출'이라면 말이다. 모순이 아닌 것이 정부지출이 공공사업,

이른바 사회간접자본을 向하는 것이 아니라, 사회복지에 정향되었을 때이다. '복지와 성장의 배리관계'는 늘 상수이다. 2013년 미국에서 이른바 재정절벽fiscal cliff을 말한 것이 이와 무관하지 않다. 재정절벽이 부자증세-법인세인상 및 '정부지출제한'으로 인한 산업발전 동력의 소진을 말한다. 정부지출제한은 물론 공공사업-사회간접자본투자의 제한이다. '재정절벽'이 성장엔진이 가동하지 않는 것에 대한 은유이다.

사회주의적 개혁의 또 하나의 표상으로서, 수정자본주의로 명명되는, 1933년 이후, 루스벨트의 뉴딜[새로운 제안] 정책을 거론하지 않을 수 없다. [1930년대의 뉴딜정책을 반면교사로 삼을 수 있다] '대규모 공공사업의 확충'이 견인한 뉴딜사업의 결과는 우선 화려했다. 농민으로부터 [남겨진] 농산물을 정부가 사들이고, 노동자에게 최저임금제를 보장하고, 65세 이상 노인에게 연금혜택을 주고, 실업자들에게 '수당'을 지불했다. 복지와 성장이 늘 배리관계가 아닌 것이 '기초생활보장금'을 받는 계층이 소득의 대부분을 '지출'에 쓰기 때문이다.

'복지국가' 개념은 사회주의에 對한 대응책(비스마르크)에서 시작했고, 자유방임주의적 자본주의에 對한, 즉 '자유방임주의적 자본주의의 결과로서 미증유의 세계대공황'에 對한, 반작용(프랭클린 루스벨트)에서 정착했다. 뉴딜정책은 '대공황'이라는 재정절벽 상황에서, 정부지출을 통해, 즉 공공사업을 통해, 경제회복을 이루고, 이를 바탕으로 '복지주의'에도 성공한 모범적 예로 꼽혔다. [뉴딜정책은 '착한 성장'을 말한다] 복지주의는 사회주의와 자본주의의 수렴으로서, '수렴이론'의 구체화이다. 뉴딜정책이 존 스튜어트 밀(1806~1873)의 사회적 자유주의, 이후의 페이비언 사회주의, 무엇보다도 케인스

(1883~1946)주의의 적극적 수용의 결과이다.[1)]

1000년 쯤 전, 宋의 神宗 시절, 왕안석의 개혁, 즉 사회주의적 개혁이 있었다. 왕안석(1021~1086)은 계획경제주의자였다. 市易法-靑苗法-均輸法으로 표상되는 인센티브 시스템, 즉 頂層設計Top-level design에 의한 변법이 그 표상이다. 왕안석의 신법이 궁극적으로 성공 반-실패 반으로 인식되게 된 것은 그 개혁이 요구하는 '증세'가 부유층(대상인과 지주)에서부터 중산층(중소상인과 농민)으로까지 확대되었으나[성공 반이다], 종국에는 중산층 및 부유층-관리 등을 설득하는 데 실패했기 때문이다[실패 반이다]. [경제투쟁이 정치투쟁에 의해 좌절된다] 누가 누구를 탓할 수 없다. '설득이 안 되는 소통'이 있는 법. ['왕안석'을 말할 때 이상주의와 현실주의의 괴리를 말해야 한다] 이상주의와 현실주의의 괴리가 늘 상수이다.

오바마가 '설득'에 의해, 혹은 '운7기3'에 의해, 건강의료보험개혁의 시동을 거는 데 성공하였다? 건보개혁법안의 국회통과를 오바마에 의한, 그 이전의 로버트 케네디에 의한, 소통의 리더십으로 보는 것이 일반적이다. 2013년의 재정절벽 역시 소통의 리더십으로 돌파한 것으로 기록될 것인가. [2013년 내내 미국 '연방준비제도Fed' 의장 벤 버냉키가 양적완화정책으로 돌파하려고 했다. 루스벨트의 뉴딜정책과 유비이다] 소진된 산업발전 동력을 다시 일으켜 세울 것인가?

1960~1970년대 박정희 시대의 [수입자유화]-수출주도형 경제-중화학공업육성에서 모두 케인스式 관치경제를 말할 수 있다. 박정희 경제정책은 '정부개입'만을 두고 볼 때, 본래적

1) 정부지출은 증세에 의해서 가능하다; 고전적 자유주의의 입장에서 볼 때, 뉴딜정책에 대한 평가는 정반대로 기운다. 자유주의자들은 대공황 상태가 8년까지 간 것을 정부개입에 의한 '증세-정부지출' 때문에 기업투자 분위기가 위축됐기 때문이라고 본다.

의미의 자유주의가 아닌, 즉 '신자유주의'[2]라는 용어로 폄하되는 고전적 자유주의[시장경제]가 아닌, '사회주의'가 많이 가미된 '진보적 자유주의'였다. 요즘 진보진영의 진보적 자유주의의 원조가 박정희式 관치경제이다. 박정희 경제체제의 근본이 사유재산의 보호-시장개방정책이라는 점에서 '사회주의'와 물론 전혀 다르다.

'수출주도형경제'-'중화학공업육성'에 의해 국부가 늘어났다 하더라도, 가시적 得을 본 것은 기업가이지 노동자가 아니었다. 수출주도형경제를 가능하게 한 것이, 진보적 자유주의자들에 의해 계속 역설돼온 것으로, 이른바 저곡가-저임금 정책이었다. 노동자-농민의 희생 위에 당시의 수출주도형경제-중화학공업육성이 가능했던 것. 국가 구성원 다수의 파이가 커진 것이 아니라, 소수 기업의 파이가 커진 것. 이를 잘 나타낸 詩가 있다.

> 파이를 키우자고 나누면 똥 된다고
> 모아서 키우자고 국제경쟁 할 수 있도록
> 참자고, 파이가 커지고 있다고
> 국산품을 애용하자고 저축하자고 파이가 커지고 있다고
> 졸라매자고 땀 흘리자고 좋은 결과가 희생이 필요하다고
> 파이가 커지고 있다고
> 수출이 제일이라고 수긍하고 수긍하고 기다리고 기다리고
> 모든 것이 최선이라고
>
> 찔러주고 넣어주고 바치고 놓고가고 보내주고

2) '신자유주의'가 애덤 스미스式의 고전적 자유주의에 대한 비판적 별칭인 것은, 최근의 1997년의 외환위기 및 2008년의 금융위기에서 보듯, 금융자본주의의 위기로서, 금융자본주의가 부채자본주의를 불러들였기 때문이다.

서류봉투에서 골프백 사과궤짝 라면박스 차떼기까지
검-판사, 세무쟁이, 국회의원, 장관부터 기자까지
관이 덩그렁한 속물들 꿀맛 안 들인 놈 없으니
제가 전부 키웠다 나눌 수 없다 파이를 독차지하고
앞발로 차고 뒷발질하고 들이받으며 드잡이하는
코끼리 꼬리 터럭만 만지고
恐龍 재벌이 꼬랑지도 향그럽다 물켜는
모든 것이 최선이라고

—「박정희 시대 11—서울의 캉디드; 낙관주의」 부분

詩가 길어 전부를 인용하지 못했지만 '압권으로서 詩'가 분명하다. '캉디드'는 '계몽주의의 아버지' 볼테르의 성장소설-풍자소설 『캉디드Candide—혹은 낙관주의』(1759)의, '소박하다'는 뜻의, 주인공 이름이다. 캉디드는 1755의 리스본대지진을 경험한다. 문제는 소설처럼 詩에 反語로 사용된 "캉디드; 낙관주의"가 아니라, 라이프니츠의 '모든 세계 중 최고세계beste[r] Welt aller Welten'라는 인식에 비판적으로 접근한, 계몽주의의 선두주자 볼테르이다. 볼테르가 화자 김태암의 계몽주의적 세계관을 선도한다; '국가 구성원 다수의 파이가 커진 것이 아니라, 소수 기업의 파이가 커진 것'을 말 그대로 웅변으로 말했다; 오늘날 진보적 자유주의자들이 박정희를 특히 '욕'하는 것은 그의 유신반포에 의한 독재체제강화-반공주의 등 때문일 것이다. [진보적 자유주의자들과 대척점에 서있는 자들이 정부의 시장개입에 반대하는 고전적 자유주의자들이다] 고전적 자유주의자들이 '박정희'와 입장이 다른 것은, 관치경제가 아닌, 순전한 자유주의적 시장경제가 한국을 더 발전시켰을 것이라는 假定 때문이다.

보수주의와 자유주의로 구분할 때 박정희는 무역을 중시한 점에서 자유주의 쪽에 접근한다. 보수주의와 자유주의의 공통점이 반사회주의, 혹은 반공주의인 점에서 박정희에게 물론 보수주의를 말할 수 있다. 경제에 관한 한 박정희는 진보적 자유주의 쪽에 있었고, 정치에 관한 한 박정희는 보수주의 쪽에 있었다. [김일성주의-주체사상에서 '진보'를 말할 수 없다]

2. 김태암의 '진리를 향한 의지'

쾨니히스베르크를 한 번도 떠난 적이 없는 철학자가 '초월적 변증론'에서 영혼[자아]-세계[우주]-신[조물주]들을 증명하려고 시도했다. 결론은 증명불가능성이었다. 그의 충실한 계승자 쇼펜하우어가 『의지와 표상으로서 세계』에서 영혼-세계-神性을 이데아의 유비로서, 이념으로 명명하고, 이 이념들이 음악으로 표상된다 했다. [쇼펜하우어에 의한 음악형이상학의 정립이다] 음악이 이른바 이데아의 가시화로서 에이도스의 유비가 된다. 음악이 초월性으로서 영혼-세계-神性이 내는 소리이다. 우주의 가장 안쪽에서 들려오는 소리라고 할 때, 우주音이다. 진리에 육박하는 선율—'본질적인 것에 집중하는 선율'—'뿌리로 돌진하는 선율' 등. 生老病死의 가혹성—喜怒哀樂의 변덕성에 대한 반주를 말할 때, '베토벤'이 '生老病死의 가혹성—喜怒哀樂의 변덕성'에 대한 광포한 반주가 되고, '모차르트'가 '生老病死의 가혹성—喜怒哀樂의 변덕성'에 대한 잔잔한 반주가 된다.

'존재'가 말을 걸려고 하고, 존재자[사유하는 인간]가 그 말을 들을 준비를 하고 있을 때, '세계의 중심'을 표상하는 존재가 기필코 말을 걸고, 사유하는 인간이 기필코 그 말을 듣고, 그 말을 받아 적는다. '사유하는 인간'의 이름이 그때 詩人이다, '詩人 중의 詩人'이다. 이념-음악-존재 등이 동시에 말하는 것이 '진리' 같은 것이다. 진리현현의 조건이 진리에 대한 간절한 욕구이다. 진리를 들으려는, 진리에 귀 기울이는, 엉거주춤한 자세가 시인의 첫 번째 조건이다.

> 분 냄새 향긋 떠밀려가는 명동에서
> 저마다의 진중한 발걸음은 어디로 가는 걸까
> 한 백 년 지나면 모두들
> Na_2CO_3, $CaSO_4$, 질산염이나 인산칼슘
> 혹, 기체 상태의 CH_4
> 재수 좋으면 반응 속도가 느린 칼슘덩이 몇 마디
> 재빠른 C, H, O는 가로수의 잎으로
> 지렁이의 살갗으로
> 이 순간 敵의 핵심적 DNA로
> 삐겨봤자지
> 캄브리아期 어느 바다 속에서 처음 생겨날 때부터
> C, H, O, N, S, Ca, P, K……의 조합이었느니
> 네 것이 아니었느니라.
>
> —「화학적 진단」 전문 ①

> 화구 안으로 천천히 밀려들어가는 나를 본다
> 문틈으로 손 흔드는 가족들
> 손발 묶지 않았다. 머리 고정당하고 담요 덮혔다
> 물질이 된다 가공당한다.

이상하고 묘한 bite 음향들이 뇌를 흔들어 스캔한다
헤집는다. 더듬는다. 저미어진 뇌수와 까만 수박씨
—「MRI」 부분 ②

1835년 비글호가 갈라파고스에 가지 않아야 했다
찰스 로버트 다윈이 비글호를 타지 말아야 했다
갈릴레오 갈릴레이가 고문 틀 앞에서 그랬듯이
새가슴이어야 했다
갈라파고스 땅거북이 눈 2개 콧구멍 2개 발톱이 5개라는 거
보지 말아야 했다 말하지 않아야 했다
이구아나 발가락 손가락이 감히 5개씩이라니
한 틀에 대고 찍어낸 것인지,
덮어두어야 했다
1859년 算筒 깨뜨려서 안 되었는데
돼지 멱따고 배 가르니까 허파와 위장 간장 염통 신장과 지라
충수염 일으키는 맹장까지 인체 해부도 같은
암돼지와 수돼지 쾌감에 젖은 다음, 돼지 닮은 돼지 새끼들
고사상 위 돼지머리, 머릿속에 돼지의 靈魂이 있다는 거.
—「다윈」 전문 ③

詩는 언어들을 미분한 도함수다
사랑과 슬픔, 행복과 죽음, 가난, 환희, 그리움, 분노들을 미분하면
우울과 두통, 연민이리라
미분한다는 거, 함수의 기울기를 나타내는 것
한 점에서 존재의 방향을 알려주는 지표

기울기는 +쪽일 수 있지만 -일 수 있다
혼돈 속을 찾아 헤매는 羊水 속의 기울기

도함수를 미분하면 2계도함수다
기울기의 변화율이다 세상 흔들림 크기다
형태 없어진 언어의 뼈
새벽종처럼 울려오는 전율
大洋의 밑바닥을 달리는 海嶺의 목소리
파울 첼란의 詩
23.5도 기울어진 엇나감에 四季가 있듯
두통으로 밀어올린 핏빛 절인 반항덩이

詩를 읽는다는 거 도함수를 적분하는 거
초기함수를 알아보는 거
元素를 찾아가는 거다
가까이 갈 수 있지만 애초의 함수를 찾지 못한다
절편값 'C'가, 읽는 사람의 몫이기 때문이다
지평선 위에 내려진 y축, 태초부터의 무한순열
공간 내의 좌표부터 비껴 지르는 軌跡까지
제각기인 깊이와 높이
살아온 길이 다르기 때문이다.

—「慧超에게 詩를 묻다」 전문 ④

① 김태암의 '진리에의 의지'가 잘 드러난 詩. 인간이란 무엇인가? "Na_2CO_3, $CaSO_4$, 질산염이나 인산칼슘/ 혹, 기체상태의 CH_4"!라고 말한다. 102년 전 간행된 '인간이란 무엇인가?' 묻

고 '피와 살의 덩어리!'라고 대답한 벤G. Benn의 첫 시집 『시체공시소·기타』(1912)를 떠올리게 한다.[3] 다시, 인간이란 무엇인가? 김태암이 묻는다. 탄소-수소-산소-질소-황-칼슘-인-칼륨 등의 조합, 즉 "C, H, O, N, S, Ca, P, K……의 조합"이라고 간단히 말한다; 생물이란 무엇인가? 김태암이 다시 묻는다. '유전자 "DNA"의 집합'-유전체!라고 말한다. 현대는 바야흐로 사회생물학의 시대이다. 에드워드 윌슨-리처드 도킨스 등이 '생물학을 통해 세계를 설명하는 시대'의 도래를 알렸다. 유전자정보 만능주의의 세력이 만만치 않다. 인간보다 더 뛰어난 지능을 가진 생명체가 있다고 치고, 그가 지구에 왔다고 치고, 그가 인간-생물을 알려 할 때, 그 생명체가 맨 처음 분석하는 것이 인간-생물의 유전체genome라는 말이다. 위 詩가 전하는 것이 이외 인간중심주의에 대한 부정이다. 인간이 "기체상태의 CH_4"-"반응 속도가 느린 칼슘덩이 몇 마디"-"가로수의 잎"-"지렁이의 살갗"에 對해 별로 "빼"길 게 없는 존재로 나타난다. 생명을 '생명 전체에서 보는 것'을 생태주의라고 할 때, 이 詩는 생태주의의 한 갈래이다.

② 마찬가지로 '인간이란 무엇인가?'의 그 철학적 인간학에 합류하는 詩. '살과 피의 덩어리' 대신 "저미어진 뇌수와 까만 수박씨"가 인간을 "물질"적 존재로 알린다. 물질적 존재이므로 또한 "가공 당"하는 존재이기도 하다. ③이 말하는 것이 더

3) 벤의 『시체공시소·기타』가 제1차세계대전 전후에 있었던 '역사적 표현주의'의 대표적 시집이다; 리글Alois Riegl-보링어Wilhelm Worringer-벤야민 등이 몰락하는 시대를 말할 때, '몰락하는 시대'가 표현주의시대이다. 몰락하는 시대가 새로운 문학예술을 요구한다. 그들의 말을 요약할 때, '몰락하는 시대의 예술이 몰락하는 예술을 의욕한다.' 김태암의 여러 詩篇들이 '몰락하는 예술'을 의욕한다. 전통적 詩의 특성이 '상호 긴밀한 내적 긴장관계'가 말하는, '작품으로서 완성도'일 때, '김태암'이 이와 거리가 멀다. 「慧超에게 詩를 묻다」-「다윈」-「MRI」-「화학적 진단」들에서 몰락하는 예술의 범례를 말할 수 있다. 「慧超에게 詩를 묻다」-「화학적 진단」은 정말 절창들이다. '몰락하는 시대로서 이 시대'를 거꾸로 '몰락하는 예술을 의욕하는 예술'에서 감지할 수 있다; 하나의 예에 불과하나 부채자본주의 시대가 이 시대를 몰락하는 시대로 알린다. 이 글 5의 5장 참조. 이 글의 각주 11) 후반부 참조.

적나라하다. "돼지 멱따고 배 가르니까 허파와 위장 간장 염통 신장과 지라/ 충수염 일으키는 맹장까지 인체 해부도 같은/ 암퇘지와 수퇘지 쾌감에 젖은 다음, 돼지 닮은 돼지 새끼들/ 고사상 위 돼지머리, 머릿속에 돼지의 靈魂이 있다는 거." 인간이 돼지와 별로 다를 바 없다는 것. '고사상 위 돼지머리' 以下가 말하는 것이 좀 의미심장하다. 돼지에게 돼지의 영혼이 있고, 인간에게 인간의 영혼이 있다. 생명을 생명 전체에서 보는 관점이므로 역시 생태주의적이다.

④ '진리에의 의지'이나 '詩의 진리'에 대한 의지이다. 첫째 연이 윤리학의 범주로서, 윤리들을 아우르는 것으로, 이를테면 인생에 대한 모차르트 式의 잔잔한 반주이거나, 베토벤式의 광포한 반주를 말한다. "언어들을 미분한 도함수"의 '도함수'가 말하는 것이 음악의 음표가 말하는 것과 같다. "사랑과 슬픔, 행복과 죽음, 가난, 환희, 그리움, 분노들", 그리고 그 미분[소리가 들려 옴]의 결과로서 "우울과 두통, 연민"이 말하는 것이 바로 '광포한 선율/잔잔한 선율'이다. 플러스"+"선율/마이너스"-"선율이다. 둘째 연이 詩가 멜로디-선율이라는 것을 분명히 밝힌다. [문학의 음악 종속성이다] 詩란 무엇인가? 질문이 계속된다. "세상 흔들림 크기다"가 말하는 것이 멜로디로서 詩이고, "형태 없어진 언어의 뼈" 역시 멜로디로서 詩를 말한다. "새벽종처럼 울려오는 전율"에서 특히 주목되는 것이 '새벽종'이고 '전율'이다. 詩가 새벽종 같은 것이어야 한다 했을 때, 이것은 詩가 '진리의 고지자'라는 것을 알리는 것이다. '전율'이 직방 말하는 것이 '진리로서 이데아-이념'이다. 진리는 대답질이 불가능한, 그대로 수용해야 할 어떤 것, 즉 전율 그 자체이다. 마치 "大洋의 밑바닥을 달리는 海嶺의 목소리"

와 같다. 누가 그 소리를 외면할 수 있는가? —김태암이 묻는다. 셋째 연에서 특히 눈에 띄는 것이 끝의 세 행 "공간 내의 좌표부터 비껴 지르는 軌跡까지/ 제각기인 깊이와 높이/ 살아온 길이 다르기 때문이다,"가 말하는 것으로 서로 다른 관점으로서 세계관-인생관이다. 김태암은 김태암式대로 이데올로기 재생산을 말한다. 김태암이 살아온 '軌跡'이 다르기 때문이다, 즉 김태암이 '살아온 길이 다르기 때문이다.' 김태암은 첫 시집 『박정희 시대』를 통해 김태암의 이데올로기를 재생산하려고 한다. 사실 '이데올로기 아닌 것이 없는 것'과 '이념 아닌 것이 없는 것'이 말하는 것이 서로 같다. 저마다 이데올로기-이념이 다르고, 나아가 저마다 그 이념-이데올로기를 재생산시키려 한다, 널리 유포시키려 한다. 이데올로기와 이념이 다르게 보일 때가, '다르게 살아온 길'을 말할 때(이데올로기)이고, '우주 가장 안쪽에서 들려오는 멜로디'를 말할 때(이념)이다.

> 단조롭게 흘러가는 물길에 맞추어서
> 노 젓는 법을 알아보는 거다. 천천히 천천히 조금씩
> 종로와 세종로 명동에 강물이 흐르고
>
> 빠름과 망각이 비례한다고 했다.
>
> —「종로의 밀란 쿤데라」 부분

누가 眞理에 관심이 없을까? 늘 거기에서 거기이나, 늘 "단조롭게 흘러가는 물길"이나, 늘 眞理에서 관심을 거둘 수 있을까? 예술가들을 구도자라고 부르는 경우, 그 진리에의 도저한 관여 때문 아닌가. —김태암이 묻는다. "노 젓는 법"이 세상 건

너가는 법을 말하고, 이를테면, '우주를 건너는 법'-'사막을 건너는 법'을 말하고, "빠름과 망각이 비례한다"가 포함하는 것이 '느림과 기억이 비례한다'이므로, '빠름과 망각이 비례한다'가 말하는 것이 느리게라도 노를 저어 '잃어버린-잊어버린 기억'이 표상하는 진리를 기필코 붙잡으려는 의지이다. '잃어버린-잊어버린 기억'이 표상하는 진리란 무엇인가? 김태암의 역사적 진리에 대한 강한 집착-집념으로 보인다. 역사적 진리이든 초역사적 진리이든, 진리를 듣고 진리를 기록하는 것이 詩人의 사명이다. '詩人 중의 詩人'이 진리를 듣고 진리를 기록하는 것을 그의 사명으로 간주하는 者이다.

3. 김태암의 관점주의—계몽주의적 정치철학

'박정희'에게 비상사태를 차단하는 일이 과업이었는가? 비상사태라는 이름의 한계상황에 봉착했을 때, '군주'에게 한계개념의 표상인 절대주권Souverränität을 완전히 이양하는 것이 이른바 '비상사태론'의 첫 걸음마이다. 비상사태론의 전제는 물론 적과 동지의 확고한 구분이다.4) 비상사태를 차단하는 것이 '적'을 차단하는 것이다. 슈미트의 『정치신학Politische Theologie』5)(München-

4) "모든 종교적-도덕적-경제적-인종적 대립 및 그 밖의 대립에서 그것이 인간을 적과 동지로 분류하기에 충분하게 강력할 경우 그것이 정치적 대립으로 변한다."(슈미트Carl Schmitt, 『정치적인 것의 개념Der Begriff des Politischen』, 1927~1932); 정치적 대립의 범주쌍을 '적과 동지'로 확고하게 구분했다; 사실 적과 동지가 구분되기가 쉽지 않다. 많은 경우 '적'과 '동지'를 함께 구비한다. 친구이면서 적인 프레너미frenemy라는 신조어가 애매하지 않다. 학문-도덕-예술-종교-경제 분야에서 진/위-선/악-미/추-성/속-손/익을 범주쌍으로 말하는 것이 훨씬 애매하다. 칸트 시절이라기보다 포스트모던 시절이다.

5) 본래 제목이 『정치신학. 주권론에 대한 4개의 章Vier Kapitel zur Lehre von der Souverränität』이다. 여기서는 pp.11-12를 참조했다. 슈미트의 정치신학론은 토마스 아퀴나스의 계승으로서, 교회를 국가로 대체한 것이다. 성 토마스에 의할 때, 국가의 제1과제가 평화유지이고, 제2과제가 복리증진이다(『신학대전』); 성 토마스의 정치철학이 윤리학의 구체화로서 아리스토텔레스의 자장권에 있다. 그러나 아리스토텔레스의 정치철학은 대상이 비오스, 즉 폴리스 내의 '정치적 존재'에 한정된 점에서 도시국가적 차원의 정치철학이었다. 이 글의 각주 9) 참조.

Leipzig 1922)에 의한 '비상사태Ausnahmezustand'의 테두리에서, 박정희 시대의 유신반포 및 일련의 긴급조치발령, 그리고 개발독재(수출주도형경제-저임금저곡가정책)를 얘기하는 것은, 박정희 시대의 '비상사태론'을 정당화하려는 것이 아니다. 일제식민지-한국전쟁-'건국'-4·19의거/혁명-5·16쿠데타/혁명-6·3사태-3선개헌, 그리고 '푸에블로납치-1·21사태-울진삼척공비침투-판문점도끼만행 등으로 대변되는 북한의 끊임없는 도발'-유신반포[국회해산]-긴급조치-'인혁당'-동아·조선광고사태-김지하투옥-부마항쟁-10·26사태-광주항쟁-5·17정변-6·29선언 등으로 이어지는 숨가쁜 비상상황에서, 이른바 산업화와 민주화를 동시에 달성했다고 하는 민족주의적 자화자찬 또한 아니다.[6] 이명박정부 이후 강화된, 3金 시대의 지역주의 할거 때보다 더욱 심화된, 물론 승자독식의 제왕적 선거제도 때문이기도 하지만, '전국민적 권력투쟁'은 '이에 대해'[일련의 숨가쁜 비상상황에서 이른바 산업화와 민주화를 동시에 달성했다고 하는 민족주의적 자부심에 대해] 말문을 닫게 한다.

김태암의 관점주의가 있다. 김태암의 박정희 연작시들을 볼 때[7] 슈미트의 『정치신학』에서 개진된 '비상사태론'에 의한 박정희 시대의 이해는 일고의 고려 대상이 아니다. 김태암의 정치공학적 관점주의는 우선 칸트 이후의 계몽주의 정치철학에 충실하다. 미성년상태로 표상되는 농노가 있고, 미성년자를 돌봐줘야 하는 후견인이 있다. 정치경제적 후견인으로서 귀족이 있고, 정신적 후견인으로서 성직자가 있다. 1784년의 「계몽이란 무엇인가?」라는 유명한 문건에서 칸트는, 봉건주의

6) 민족주의적 자화자찬은 역설적으로 19세기의 제국주의에 맞서는 민족자결주의defensive nationalism의 극단적 변형인 주사파 수준과 유비이다. 주체사상이 자본주의와 관련 없고, 사회주의의 본령과도 관계없다.

7) 필자는 김태암 시인에게 시집 제목을 '박정희 시대'로 할 것을 권유했다.

에 對敵하는 것으로, '가장 혜택받지 못한 계층' 농노들을 向해 Sapere aude!, 즉 '너 자신의 悟性을 사용할 용기를 지녀라!'라는 격문을 들이댔다. 「계몽이란 무엇인가」가 루소의 「인간불평등기원론」(1754)-『사회계약론—정치적 법률의 원리』(1762)-『에밀—교육론』(1762)[8]과 함께 앙시앵 레짐과 프랑스혁명을 가장 잘 설명해주는 문건이다. 국가는 국민 자체로서 시민의 의지에 인도된 '사회적 계약contract social' 이상의 것이 되어서는 안 된다. 『에밀』의 첫 문장이 다음과 같다. "조물주의 손에서 생겨난 모든 것이 선하다. 인간의 손 아래에서 모든 것이 타락한다entartet." 농노/귀족-성직자 간의 이항관계·적대관계 이전에 관한 것으로서 아감벤(1942-)의 조에/비오스 間의 이항관계-적대관계에 관한 통찰이 있다.[9] 조에와 비오스에 관한 통찰은 아감벤에 의할 때, 근대시민사회에서 '근대시민사회의 내면투쟁'을 촉발시키는 계기가 된다. 조에와 비오스 間의 이항관계-적대관계에 의한 투쟁이 아니라, 정치적 존재[비오스]로서 생존하려는 '전민족적 권력투쟁'이다. '내면투쟁'이 전체주의시대의 자기검열과 유비관계이다. '호모 사케르-벌거벗은 생명'으로 전락-유지(?)할 것인가? 법적 보호를 받는 '정치적 존재'로 유지-상승할 것인가? 문제는 유동성이다. 특히 벌거벗은 생명으로 갈 가능성이다. 인프라노마드Infranomad로 갈 것인가. 비록 '비즈니스클래스'[하이퍼노마드Hypernomad]와 거

8) 칸트는 서재에 루소의 초상화를 걸어두었고, 루소의 『에밀』을 읽다 '산책 시간'을 몇 번 놓쳤다.

9) 폴리스 내에서 정치적 비호를 받는 자가 비오스, 폴리스 밖에 있는 자들, 그러니까 정치적 보호를 받지 못하는 자가 조에이다; 아리스토텔레스-플라톤이 그 시대의 한계에 갇혀 있었다. 이를테면 "동등한 사람에게 동등한 권리가 적용되어야 하며, 그리고 권리에 反하는 헌법은 지속되기 힘들다."(『정치학』 H, 14)가 아리스토텔레스의 생각이라 하더라도, 이것은 자유민Freier에 한정된 것이었다. 아리스토텔레스는 기본적으로 조에로 표상되는 노예제도를 인정했다. 플라톤은, 주로 『국가』에서 드러난바, 정치학-윤리학의 초점을 '보다 고귀한 자들'에 맞추었다. 스토아의 에픽테토스에서 플라톤-아리스토텔레스의 능가를 말할 수 있는 것은 그가 인간의 형제애를 인정하고 노예들의 평등을 설파했기 때문이다.

리가 멀더라도 자영업자 수준의 중간노마드에 머물 수 있을 것인가. 비오스의 두려움은 언제든지 '조에의 나락'으로 떨어질 수 있는 '사태'에 근거한다. 'IMF 시대' 이후 '생긴' 노숙자들을 보시오! —김태암이 말한다. 비오스는 '벌거벗은 생명의 힘'(!)을 스스로 억압한다. 벌거벗은 생명의 힘을 검열한다. '원형감옥'이 말하는 바와 같고, '병영-학교-공장-병원' 등이 말하는 바와 같다. 이른바 자발적 복종에 의한 현상유지status quo이다.

어느 틈에 이만큼 왔는지, 압구정동에 서니까
삐까뻔쩍한 언니들의 하의 실종에서
십구공탄 난로에 손 녹이며 미싱 돌리던
유니폼 홑바지에 갇혀 떨던 언니, 늘 창백하던
배경으로 처리되고 실종된.

—「박정희 시대 1」 부분 ①

사직서 쓰는 손이 중심 잃으면서 떨리고
표정 잃은 웃음이 저리는 듯 쓸쓸하고
돌배기 잔치가 엊그제였는데, 간암 말기

키 크고 활달한 체격, 소 같은 눈을 가진 김반장
생고무에 아세톤을 부어, 휘저어
고무풀 만드는 일이 그의 떨면서 쓸쓸한 몫이고

반장이 되고, 쇠꼬챙이처럼 말라가고
불 잘 붙는 인쇄 잉크 톨루엔, 아세톤에 벌겋게 취해
술값 들이지 않고 술 취해서 비틀거리고

죽음에 이르게 하는, 우리가 한참 지난 나중에 알았던
유기용제 증기가 간에 머리에, 치명적인 거
서울대 화공과를 졸업한 실장이 말해주지 않은
—「박정희 시대 2—24세 김반장의 죽음」 전문 ②

도시 밑바닥에는 숨통 매이는 지하철이
먹이사슬 밑바닥에는 팔딱거리는 나비들이
[…]
깔깔거리는 빨대들의 호사를 받쳐 든 나비의 비명이야
준거된, 먹는 자의 일상일 뿐, 먹히는 자의 고통일 뿐
똑똑한 대가가 상속된 자본이 존중되어야 한다고

풀죽 쑤어 먹던 러시아의 농노, 가쁜 숨 내쉬는 도시의 나비
번듯하게 키워낸 재벌, 기저를 나비들의 시신이 쌓은
보이지 않게 뻗히는 문어발이 여지없이 옥조이고
—「박정희 시대 4—도시의 농노들」 ③

① 이항관계-적대관계가 드러났다. 김태암의 관점주의가 우선 이항관계-적대관계를 드러낸다. 미리 말하지만 김태암은 조화-화해-균형-절제를 말하지 않는다. [부정의 변증법이다] 관조-해탈의 음조와 거리가 멀다. 날 것으로 김태암은 느끼고, 날것으로 김태암은 말한다. 상호모순을 아름다움으로 호도하지 않는다. "압구정동"의 "삐까뻔쩍한", "하의"가 "실종"된 "언니들"과 "십구공탄 난로에 손 녹이며 미싱 돌리던/ 유니폼 홑바지에 갇혀 떨던", 그리고 "늘 창백하던/ 배경으로 처

리되고 실종된", 암전처리된, "언니"를 전지자적 시점에 의해 적대적 이항관계로 드러냈다.

② ①에서 이항적-적대적 관계가 통시적으로 다뤄졌다. 요컨대 청계천 평화시장 시대와 압구정 패션 시대의 이항관계이다. ②에서 이항적-적대적 관계가 공시적으로 다뤄졌다. 피후견인/ 후견인, 혹은 조에/ 비오스의 유비로서 "김반장"과 "서울대 화공과를 졸업한 실장"이 등장한다. ②의 서사가 충분히 개연적인 것이 그 당시 '생태주의', 혹은 '산업재해'에 대한 인식이 거의 전무했기 때문이다. 그럼에도 '서울대 화공과 졸업 실장'을 '적'으로 등장시킨 것은 화자의 계몽주의적 세계관 때문이다. 18세기 계몽주의 표어 중의 하나가 '같이 아파할 줄 아는 인간이 가장 좋은 인간'이었다. 비극 장르에서의 연민을 아리스토텔레스는 존재론적 연민 연습으로 이해했고, 레싱은 '이웃에 대한 연민 연습'으로 이해했다. 화자 김태암은 '가진 자/ 못 가진 자'를 '배운 자/ 배우지 못한 자'의 '대물림' 때문이라고 이해했다.

③ "도시의 농노"가 "도시의 나비"로 표상됐다. '"먹히는 자"로서 나비-농노'의 상대역이 "상속된 자본"이다. 부르주아 재벌이 상속된 자본으로 표상됐다. 농노-프롤레타리아와 재벌-부르주아의 대치. 화자는 김태암. ['옛 사회주의적 리얼리즘'의 세 가지 큰 물줄기인 반영론-당파성-민중연대성의 입각점이 마련됐다] 반영론인 까닭은 '생산력과 생산관계의 모순'을 떠올리게 하기 때문이다. 화자의 당파성-민중연대성에 관해서는 설명이 불필요하다. 노동자문학Arbeiterliteratur이 노동자가, 노동자의 일을, 노동자의 세계관으로 드러내는 것을 말할 때, 김태암의 詩에서 노동자문학 또한 말하게 한다. 김태암이 스스

로를 노동자로 자처하는 것으로 볼 때 그렇다. 사회주의적 리얼리즘의 주요 방법론 中 하나가 '마르크스주의적 세계관-프롤레타리아 혁명론'인 점에서, 마르크스주의적 세계관의 결핍을 말할 수 있다. 대신, 우리가 광고나 문화산업에서 흔히 목도하는 것에 대한 반대로서, 부정성을 긍정성으로 호도하지 않고, 부정을 부정 그대로 노출시킨 점에서 '미메시스의 변증법'을 말할 수 있다. 부정의 미학으로서 '생산미학과 영향미학'의 변증을 말할 수 있다. 요컨대 '부정의 변증법'이다.

4. 김태암의 관점주의—'군주로서 박정희'

박정희의 경우, 문제가 군주주권의 유지인가? 아니면 국가주권의 유지인가? 후자일 때 슈미트(1888~1985) 쪽에서 평가하는 것이고, 전자일 때 마키아벨리(1469~1527) 쪽에서 해석하는 것이다. '김태암'에서 박정희의 경우는 슈미트가 아니라, '마키아벨리'에 가까운 것으로 보인다.[10] 특히 '안보장사를 했던 박정희'이라는 아젠다에 충실할 때이다. '안보'가 국가비상사태에 관한 것으로서, '박정희 독재'가 안보를 위한 것일 때, 이것은 슈미트 쪽에서 평가하는 것이다. 안보장사라고 했을 때,[11] 안보장사가 군주주권유지와 관계하는 것으로서, 이것은

10) 슈미트의 정치철학과 마키아벨리즘이 말하는 것이 서로 다르다. 마키아벨리Niccolo Machiavelli의 『군주론』(1513)은 간단히 말해 군주권 유지에 관한 얘기다. 특히 15.章의 다음과 같은 말: "군주는 자신을 보존하고자 할 경우 악인이 되는 법을, 필요에 따라서 악인으로 행동하는 법을, 배워야 한다."; '군주는 어떤 식으로 신앙을 가져야 하는가?'라는 제목을 가진 18.章의 한 부분: 군주에게 자기에게 이득이 될 경우 신앙[약속]을 지킬 것을, 이득이 되지 않을 경우 신앙[약속]을 지키지 말 것을, 심지어 신앙[약속]을 버릴 것을, 요청한다.

11) 사실 안보장사라는 '아젠다'(?)는 박정희 시대에만 적용된 것이 아니라, 언필칭 군부정권, 혹은 보수정권이 들어설 때마다 사용-이용됐다. 혹은 '대선'이 치러질 때마다 사용-이용된 용어이다. '안보장사'에 상대방을 무력화시키려는 전략적 함의가 담긴 것을 부정할 수 없다. '북한에 의한 KAL기 폭파사건' 否認-'북한에 의한 천안함 폭침사건' 否認을 안보장사라고 말할 수 있다면, 이 또한 상대방 진영에서 역안보장사라고 비난할 수 있으리라. 이른바 진영논리이다. 진영논리에 관한 한, 80

마키아벨리즘에서 해석하는 것이다. '박정희 독재'에 의해 국가주권이 지켜질 수 있었는가? 물론 이 경우 김태암으로부터 '아니올시다'라는 대답이 응당 돌아올 것이다. '박정희의 유신반포-긴급조치발령들이 아니더라도 국가주권은 지켜질 수 있었을 것이다.' '인혁당으로 표상되는 사법살인이 없었을 때, 국가주권은 더 잘 지켜질 수 있었을 것이다.' 역사는 生物과 같아서 역사를 가정적으로 유추해보는 것은 사실 망상이다. 生物은 나이를 먹거나 죽기 때문이다. 군주에게, 혹은 권력자에게, 결단이 요청되는 것은 자명한 것으로서 자명하다. 문제는 군주주권을 위한 결단과 국가주권을 위한 결단이다. 히틀러의 1933년 의회해산-정권탈취, 1939년 뮌헨협정파기에 대한 평가 및 해석이 망상이 아니다. 정권탈취-뮌헨협정파기 등이 '권력의지의 흔한 일', 혹은 권력자의 흔한 일이다. 히틀러가 부정적으로 도배되는 것이 이후 일어난 인류 미증유의 대량학살 때문이다. 홀로코스트가 히틀러-스탈린의 결단들을 국가주권이 아닌, 군주주권을 위한 것으로, 나아가 군주 개인의 성향 때문인 것으로, 光速으로 판단하게 한다.

2011년 11월 17일 안산에 사는 62세 여인네가 종북 빨갱이
라고
서울시장 목덜미를 내리쳤는데,
대한민국 한복판 서울, 종북 빨갱이가 서울시장으로 뽑힌

년대의 NL式 판단[식민지-반자자본주의론]/PD式 판단[신식민지-국가독점자본주의론]이 그나마 품격이 있었다. 진영논리에 관한 한, 지금 한반도 남쪽은 '전국민적 권력투쟁'에 매몰돼 있다. 비상사태를 말하고 싶을 정도이다; 몰락하는 시대를 다시 말하자. 기존 세계질서에 도전하는 국가가 발생했을 때, 그것이 혁명적 상황으로서 이미 '몰락하는 시대'를 포함한다. 이를테면 제1차 세계대전을 몰고 온 '영국'/독일의 상황이 이것을 말했고, 작금의 일본/중국, 혹은 미국/중국의 상황이 이것을 말한다. 한 국가 안에서 相互도전적 세력이 팽팽하게 맞설 때, 그것이 혁명적 상황으로서 또한 몰락하는 시대를 포함한다.

건가
내가, 우리가 빨갱이인가

얼마나 더 찢겨져야 하는지. 떠내려가야 하는지
여자의 순한 눈을 뒤틀리게 만든, 바퀴벌레
철되면 때마다 나라 걱정하는 듯, 공갈빵처럼 부풀린
온공과 반공으로 60년 우려먹어 재미 본

나라가 그들에 의하여 지탱된 듯, 애국하는 양
얼굴 없이 일해온, 많은 사람들의 노고 가로채고
뒷전 시궁창, 야금야금 챙기고, 지키려고
정당화한 독재, 빨갱이로 몰아붙여 재미 본, 시궁쥐

분단을 아이스크림으로 팔아먹는, 눈 귀 홀려 권력을 슬쩍하는, 독버섯
거들먹거리는 돼지들, 꽃으로 장식한 꽃 돼지,
춥고 배고픈 사람, 위하는 것이 빨갱이라는 건지.
—「박정희 시대 3—빨갱이 서울시장」 전문 ①

전기 고문봉에 사지를 파들파들거리다 커진 그, 천당에 갔겠지
목욕탕 물속에 머리를 처박던 고문기술자, 천당에 갔을까
만나서 용서하고 화해하고 어깨동무할까
비둘기 돌리기, 관절 꺾기, 칠성판 태우기, 전기 지지기
돌려주고 있을까, 돌려받고 있을까
그 고통, 갚음이 있어야 하지 않겠소, 그래야

지구라는 거, 기울어지지 않고 평평할 거니까

높은 법대, 법복으로 무장하고 사형선고 내린 유신—판사들이 어디로 갔을까
무죄 판결 받은 그린마일 걸어간 사람들이 되돌아와야 할 터인데
유신이었으니 한마디로 얼버무리기에는
기득한 칼날이 너무 서슬하고
역사의 등줄기에, 피고름이 흐르는데
휘두르며 누려온 사람들, 아직 죽지 않고, 속죄하지 않고, 치마폭 밑에서 휘두르려 하는
있으나 마나한 벼락, 찌질한 역사의 바퀴
그때, 거기 누구 없었소, 개 패이듯 두들겨 맞아 정신이 꺾였을 때, 말이요.

—「박정희 시대 8—남영동 분실—거기 누구 없었소」 전문 ②

100억 불 수출달성 위해 필연이라고, 10월 이후 고통 받던 눈물, 고문 받던 민주가,
100억 불 수출달성을 반대한 불순한 양심이었다고?

아무렴요, 기생파티에서 총질하다 독 깬, 군홧발은 그 문턱이 아니올시다. 시니피앙이 다릅니다

어떻게 여기까지 왔는가, 알갱이가 꺼멓게 쉰, 풋풋한 지성이, 용기가,
유신을 들이받던 붓끝이, 뼈마디의 아픈 기억을 거역하는

지, 추하게 뭉개지는지

봄이 그냥 왔을까, 權慾을 필연이라 찬양하다니
빌딩만 드높이고 기득들이 비리 붙어 누리려 하고.
—「박정희 시대 9—유신이, 유신이 아니라네」 부분 ③

② 사법살인 중 기억에 남는 것이 재심청구에서 두 사건 전부 무죄로 판결난 이승만 자유당정권 시절의 조봉암사형집행(1959)이고, 박정희 공화당정권 시절의 인혁당원사형집행(1975)이다. 최근 인혁당 사형집행이 사법살인-정치살인에 의한 것으로 선고됐고, 나머지 긴급조치위반 사건들에서도 긴급조치가 위헌으로 선고된 것으로 해서, 당연 이에 연루된 사람들에게 무죄가 선고됐다. 詩「박정희 시대 8—남영동 분실—거기 누구 없었소」는 이에 대한 김태암의 통렬한 각성이고 통렬한 고발이다. 그렇다 하더라도 박정희 시대의 비상사태에 대한 판단이 군주주권을 위한 것이지 국가주권을 위한 것이 아니었다, —이렇게 간단히 말하게 하지는 못한다. '이북 김일성'에 대한 얘기가 없기 때문이다. "노예 상태 1천만 동포"(박정희가 1963년 12월 대통령 취임사에서 한 말)에 대한 얘기가 없기 때문이다. 현재의 '세계 5대 공업국-7대 무역국-세계 10위권 경제'에 대한 얘기가 없기 때문이다.

③ 김태암의 '박정희 시대'에 대한 증오는 무엇보다 '10월 유신'에 대한 증오, "10월 이후"에 대한 증오이다. 목적이 수단을 정당화하지 못한다. "100억 불 수출달성"이라는 목적이 "고통받던 눈물, 고문 받던 민주"를 정당화하지 못한다. 필연이 우연에 의해 관철된다? 아니다, 적어도 김태암에게는 아니다. 우

연이 '독재와 폭압'을 포함할 때, '10월 이후' "유신"-"권욕"을 "필연"으로 미화-"찬양"할 수 없다. 그것은 "기득"권에 의한 미화-찬양이다. 우연이 권욕을 포함할 때 — 여기에서 김태암의 박정희 시대, 특히 박정희의 '10월유신'을 보는 태도가 명확히 드러난다. 10월유신은 '군주'주권강화용이지 '국가'주권강화용이 아니다 — 100억불 수출달성에 대한 "반대"가 "불순한 양심"이 아닌 것으로서, 정당한 일이었다. 김태암의 필봉이 지금-여기에서 "유신을 들이받던 붓끝"을 대신한다. "뼈마디의 아픈 기억"을 되살려낸다.

① "종북 빨갱이"라는 용어에 대해, 화자는 선천적이라는 느낌이 들게 할 정도로 증오의식을 갖고 있다. 분명하게 말하자, 종북 빨갱이에 대한 증오의식이 아니라, 종북 빨갱이라고 욕하는[말하는] 자들에 대한 증오의식이다. 그렇더라도 화자가 소위 '종북 빨갱이'에 대해 관대한 태도를 보이는 점을 부인할 수 없다. 詩 「박정희 시대 3—빨갱이 서울시장」 끝 행 "춥고 배고픈 사람, 위하는 것이 빨갱이라는 건지"에서 화자의 '부드러운 당파성'을 본다. 춥고 배고픈 사람을 위한 것이 빨갱이일 때 그 빨갱이는 옳은 빨갱이이다. 갈릴리의 예수도 춥고 배고픈 인류를 위해 공생애를 보냈고, 雪山의 붓다가 춥고 배고픈 사람을 위해 열반(?)을 자초하셨다. 카를 슈미트에 의할 때, 군주의 주권론으로서, 비상사태를 차단하는 일에 "반공"을 포함시키는 것이, 그리고 '빨갱이'를 잡아들이는 것이, 당연한 일일 것이다. 북한의 주체사상과 북한의 대남혁명노선이 대한민국 정통성의 부인을 전제로 하기 때문이다. 물론 화자를 종북주의-'빨갱이'로 말하는 것은 부당으로서 부당하다. 화자의 과녁은 "독재"를 "정당"화하기 위해 '반공'을 "60년 우려먹어 재미

본" '박정희'로 대변되는 그 동안의 보수정권이다; 분명한 것은 화자의 관심이 춥고 배고픈 사람에 가 있고, 화자의 관심이 그들의 추움과 배고픔의 해소에 있는 점이다. 또 한 가지 분명한 것이 추움과 배고픔을 해소시키는 주체가 누구인지 중요하지 않은 것으로 보는 점이다. 김태암의 흑묘백묘론이다. [역사를 가정하는 것은 인생을 가정하는 것처럼 망상이다. 일회성-비가역성이 인생-역사의 큰 법칙 중의 하나이다] 김태암이 문학예술로서 할 수 있는 것은 폰 랑케 式의 역사의 기록이고, 또한 크로체Benedetto Croce式의 역사의 평가이다. 잊지 않게 함으로써, 경우의 수를 가시화시켜, 실수(?)를 되풀이하지 않게 하는 것이다. 김태암의 역사서술이 평가대상이 되는 사실들facts을 중시하는 점에서, 즉 사실 선별에 이미 평가가 들어있는 점에서, 폰 랑케Leopold von Ranke의 가치중립적 사실나열 式의 역사서술보다는 크로체의 가치평가적 역사서술에 더 접근한다.[12] 김태암은 크로체式 역사서술 관점에 의해 한국 현대사 최대의 문제적 인물 박정희를 파헤친다.

12) 역사기술에 있어 역사적 사실이 중요한가. 아니면 역사가, 그러니까 '역사가의 입각점'이 중요한가? 해묵은 질문이 있을 때, 해묵은 대답이 있기 마련. '역사적 사실이 임의의 역사적 사실일 수밖에 없으므로 역사적 사실들을 상호-대화하게 해야 한다.' E. H. 카의 입장이다. 역사가의 입각점[가치평가] 또한 임의적-한계적 역사적 사실에 의한 임의적-한계적 역사평가일 수밖에 없으므로 역사가 또한 과거의 역사적 사실들과 계속적으로 대화해야 한다. 역시 E. H. 카의 입장이다. 벤야민은 평가대상이 되는 팩트들이 '한쪽에 치우치는 것'에 대한 대응으로서, "범례적인 것"에 대한 照査를 권한 바 있다(「크로체가 본 예술장르」, 『독일비애극의 원천』, GS Ⅰ-1, 1923-1928, 224). [벤야민의 '범례적인 것'에 대한 발언은 칸트의 천재론에 힘입은바 크다] 김태암이 힘없고 쓸모없는 자에 대한 관심에서, 즉 '혜택 받지 못한 자'에 대한 관심에서, 역사를 평가할 때, 이것은 폰 랑케式의 역사적 팩트에 의한 역사기술보다, 크로체 式의 역사가의 입각점에 의한 역사기술의 중시이다; 비상사태를 차단하는 일을 군주의 역할로 보는 점에 대해서도 김태암은 김태암 고유의 역사관을 갖고 접근한다. 박정희 시대가 이를테면 비상사태를 차단하는 일을 말하고, 비상사태에 對해 반공을 강조한 것은, 정권을 유지시키는 미명으로서, 마키아벨리즘의 책략에 더 가까운 것으로 본다.

5. '자본주의의 끝'—부채사회

꿈이 인도해주던 시대는 행복했었다. "그 시대가 복 되었도다, 하늘의 별이, 갈 수 있고, 가야만 하는 길의 지도가 된 시대, 그 길을 별빛이 환히 비춰준 시대. 모든 것이 새로웠으나, 그럼에도 친숙한 시대, 모험적이었으나 그럼에도 도달Besitz할 수 있던 시대."(루카치, 『소설의 이론』-1916)

어머니, 청계천 그 머나먼 땅에 꽃이 피지 않았습니까.
재료, 기술, 공장 없던 찌든 그날, 꿈만 있었어요

닛뽄을 이길 수 있고 아메리카와 나란히 할 수 있겠어요
꿈이 보였어요 알록달록한 꿈
—「박정희 시대 7—꿈만 있었어요」 부분

작금, 꿈이 인도해주는 시대를 말하기보다 파국이 인도해주는 시대를 말해야 할지 모른다. 현대는 글로벌 자본주의사회, 특히 리먼브라더스 파산사태가 알려주듯, 글로벌 '금융'자본주의시대이다. 금융자본주의를 뒤집을 때, 그것이 부채자본주의를 말한다. 부채관계, 즉 채무-채권관계가 글로벌 자본주의사회에서 가장 근본적 사회관계가 됐다. 사실 투자사회[투기사회]가 부채사회를 예고했었다. 예컨대 부동산투자-증권투자-선물투자들이, 주택담보대출-逆모기지 등을 비롯한 온갖 파생상품들이 '부채'를 위험으로 알려왔다.[13] 일반경제/제

13) 울리히 벡Ulrich Beck이 『위험사회Risikogesellschaft』(1986)의 '위험사회論'에서 중요하게 말한 것이 사회적불평등 문제였다. 최근의 저서 『장거리사랑Fernliebe』(2011)에서 '금융위기에 의한 위험'을 포함시켰다. 인프라노마드에 결혼이주여성-가사도우미가 포함된 것도 『장거리사랑』에 의해서이다.

한경제를 넘어, 경제일반을 말해야 할 때, 부채경제, 즉 채무/채권경제를 말해야 한다. [채무관계로 경제를 얘기할 때, 그동안의 공간경제/시간경제 및 제한경제/일반경제 담론이 일체 무색해진다] [소비자본주의 담론이 일체 무색해진다][14] 문제는 채무의식이다. 잉여에너지에 의한 잉여의식은 간단히 해소될 수 있었을지 몰라도,[15] 채무의식에 관한 한 간단한 해소가 불가능하다. 부채사회에서 부채탕감은 전혀 고려의 대상이 아니다.

마르크스가 생산력-생산관계의 모순에서 파국을 봤었다. 종극에는 프롤레타리아혁명으로 표상되는 '구원으로서 파국'을 봤었다. 작금, 생산력-생산관계의 모순으로서 자본에 의한 노동의 착취를 근본위기로 말할 수 없다. 채무/채권의 계급투쟁을 말해야 할지 모른다. 이것은 『부채인간The Making of the Indebted Man』(2011)의 마우리치오 라자라토Maurizio Lazzarato의 견해에 동조하는 것이다. 금융자본주의가 채무/채권관계라는 '부채무대'를 자신의 본거지로 알렸다. 여기에서 임금노동자/비임금노동자, 취업자/실업자, 생산자/소비자의 구분이 무의미하고, 오로지 부채의식만이 유의미하다. [채권자는 채무자에게 적대적 의식을 갖는다][16] 철학적으로 말할 때, 부채의식이 내

14) 대한민국 가계가 진 부채가 2013년 末 기준으로 1012조원에 육박한 것으로 금융당국과 한국은행에 의해 집계됐다. 가구 수로 나눌 때, 가구당 부채가 5836만원 꼴로, 9년 前, 2004년의 가구당 부채 3452만 원과 비교할 때, 2384만 원 불었다. 문제는 1012조원이라는 가계부채 규모가 아니라, 부채가 소득보다 더 가파르게 늘고 있는 점이다. [소비자본주의가 저물고 부채자본주의가 온다]

15) 바타이유Georges Bataille(1897~1962)는 예술-에로티즘-낭비[사치] 등에 의해 '잉여에너지-잉여의식'이 해소될 수 있는 것으로 봤다(「일반경제의 법칙」, 『저주의 몫La part maudite』-1949). 물론 명목론의 함정에서 자유롭지 못하다.

16) 자본주의의 필연적 수순으로서 '부채관계'에 관해 니체가 『도덕의 계보학Zur Genealogie der Moral』(1887)에서 진단한 바 있다. [채무관계가 교환관계를 대행한다] "손해를 당한 채권자Gläubiger의 분노 및 공동체의 분노가 채무자-범죄자를 지금까지 받은 보호상태가 아닌 곳으로, 법률의 보호에서 제외된 곳으로, 되돌려보낸다: 공동체가 채무자를 좇아낸다, — 이제 채무자에 대한 모든 종류의 적의가 허용된다. 이런 문명단계의 '형벌'은 간단히 말해 敵에 적용되는 일반적 조치의 모사이고, '흉내Mimus'이다. 모든 권리 및 보호만이 아닌, 모든 은총을 상실한 敵, 증오의 대상인

면화되면서 삶을 통제하고 삶을 황폐하게 한다. 작금의 한국의 경제문제는 크게 볼 때 하우스 푸어로 표상되는 '부동산위기'에서 심화됐다. 요컨대, '금융거버넌스의 문제'이다. 채무를 개인적 차원이 아닌, 구조적 차원에서 접근할 것을 요구한다. '부채의식으로서 인간'! 철학적 인간학에 한 항목이 추가됐다.

발길 끊긴 갈보집처럼, 철거를 기다리는, 어쩌다 녹슨 양철지붕 조각을 덜거덩 덜거덩 바람이 지나가는, 길 떠나지 못한 도둑고양이 몇 마리가 골목 주인 되어 싸다니는, 재개발 바람이 휩쓸고 지나가니까 삐까번쩍한 고층 아파트가 자리를 차지하고 왕년의 왕십리, 싸요싸요 외쳐대던 1980년 쉰 목소리가 흔적 없이 묻히겠다.

—「박정희 시대 10—상왕십리」 부분 ①

그냥 먹을 리 있을까?, 먹었으면 대가를 치러야지, 양심이 있지-그렇지

먹었으면 물 켜야지- 그게 양심이지- 그래? 양심이 있으니까

[…]

敵, 무장해제되고 패배한 敵; 그러니까 모든 무자비성 및 잔인은 '패배자는 가련하다vae victis!'가 모토인 군법에 의한 것이고, 승리의 축제에 의한 것이다: — 이 지점에서 자명한 것이, 역사 안에서 형벌이 등장할 때, 전쟁 자체(전쟁의 희생물을 바치는 제례를 포함해서)가 그 모든 형식을 부여한 점이다."(KGW Ⅵ-2, 323-324); 인용 全般에서 '채무자'를 '폴리스 밖에 있는 조에'와 유비로 말하고 있다. '법률의 보호에서 제외된 곳으로 다시 되돌려보낸다'는 '폴리스 밖으로 다시 쫓아낸다'이다. 채무자는 '범죄자'-'적'과 같은 것으로서 공민권박탈의 대상이다. '희생물'이고 '신의 은총'에서도 제외된 者이다. [채무경제 시대에 대한 탁월한 선취이다]; 죄Schuld의 파생어가 채무자Schuldner이다. 죄Schuld를 복수형으로 쓸 때(Schulden) 대개 빚-채무의 뜻을 갖는다; "명예란 전적으로schlechthin 상처받기 쉬운 것이다."(헤겔, 『미학강의 Ⅱ』, Werke in 20 Bdn., 180); 명예는 […] 개별적 주체의 인정과 추상적 불가침성을 위해 투쟁한다."(헤겔, 같은 곳, 172); 벤야민式으로 말할 때, 니체에 동의하는 것으로, 그러나 "명예를 잃은 자는 법의 보호를 받지 못한다Der Ehrlose ist vogelfrei."(「명예」, 『독일비애극의 원천』, GS Ⅰ-1, 266); 현대판 '명예를 잃는 자'가 바로 부채의식에 시달리는 자로서 채무자이다.

돈 준 넘~~~~~~~~~~~무죄

돈 받은 넘~~~~~~~~~~~무죄

돈 받았다고 떠든 놈~~~~~~~~~~~유죄인가? 무죄인가?

아- 아- 대 한 민 국

아- 아- 우 리 조 국, 잘나가는 우리조국

檢事라는 게 본래 떡값이라는 거를- 받아먹는 거니까

그래 사법고시라는 게 어렵다는 까닭.

—「떡값; 반들 반들거리는 낯짝」 부분 ②

① 공간경제/시간경제의 시대가 아닌 것을 알리고 있다. 물론 제한경제/일반경제의 시대를 말하려는 것도 아니다. 한국에서 유별난 "고층 아파트"는 '시대'를 금융자본주의의 시대로 알리면서 동시에 부채자본주의의 시대로 알린다. 아파트에 부채 없이 입주하는 경우가 기이한 현상으로 간주된다. 부동산업자 및 자동차 영업사원이 부채 없이 깨끗한 등기부등본을 보고 깜짝 놀란다. 금융자본주의와 함께 부채자본주의가 시작됐다.

② 여러 해석이 가능하나, 그중 하나가 '부채사회', 즉 채권/채무사회에 대한 은유로 보는 것이다. 대한민국은 "돈 준 넘"의 사회이고 "돈 받은 넘"의 사회이다. "잘나가는 우리조국"은 反語일 것이다. "무죄" 또한 돈 받은 쪽에 관한 한 反語일 것이다. 돈 준 쪽에 관한 한 '무죄'는 반어가 아닌, 역설이 된다. 역설적 진리가 된다. 부채사회의 甲으로 표상되는 '은행'이 늘 무죄이다. [금융자본주의-부채자본주의에서 은행은 뱅크스터(bankster=banker+ganster)이다] 문제는 "먹었으면 대가를 치

러야지, 양심이 있지-그렇지/ 먹었으면 물 켜야지- 그게 양심이지- 그래? 양심이 있으니까"라고 한 부분이다. 공짜 없는 사회, 즉 거저가 없는 사회, 요컨대 대한민국 사회가 '부채사회'로서 부채를 갚아야 하는 사회인 것을 명시적으로 밝힌다. 부채의식이 "양심"과 관계 있다. 부채를 감당하기 힘들 때, 그는 우선 양심범으로서 부채의식에 시달려야 하고, 부채를 감당할 수 없을 때, 그는 벌거벗은 생명-조에로 굴러 떨어진다. 파고다공원으로 표상되는 인프라노마드를 시간문제로 말해야 하는 까닭이다.[17)]

6. 나가며-김태암의 생명정치론

푸코가 그의 생명정치론에서 '비정상적' 인간의 출현이 18세기인 것을 알렸고 — 이른바 '역사적' 비정상적 인간의 출현이다 — 지라르René Girard가 '만인의 일인에 대한 투쟁'[전국민적 권력투쟁]의 결과로서 '희생양'의 출현을 알렸고(『폭력과 성스러움Violence and the Sacred』-1972), 아탈리Jacques Attali가 일련의 유목민 중 하이퍼노마드의 대척점에 있는 '인프라노마드'의 출현을 알렸고(『호모 노마드L'homme Nomade』-2003), 아감벤Giorgio Agamben이 '죽여도 처벌받지 않고, 신의 은총도 기대할 수 없는' 현대판 조에의 표상인, 이른바 벌거벗은 생명으로서 호모 사케르의 출현을 알렸다(『호모 사케르Homo Sacer』-1995). 문제는 누구나 치명적 계기로 인해 '병원' 안의 비정상적 존재자가 될 수 있는 점이다. 희생양-인프라노마드-조에 등 사회의 타자로 전락할

17) 김태암은, 자신이 최하층민으로 태어날 수 있을 가능성에 대한 은유인, '無知의 베일veil of ignorance'(롤스John Rawls, 『정의론』-1971)을 쓰고 세상을 바라보는 詩人이다; 無知의 베일이 말하는 것이 '누구나 최하층민으로 태어날 수 있을 가능성'일 때, 가장 바람직한 사회가 최하층민도, '가장 혜택 받지 못한 계층'(사르트르-『지식인을 위한 변명』-1965)도, 최저 인간다운 생활을 보장받는 사회일 것이다.

수 있는 점이다. 복지대상자-복지수혜자를 말할 때, 그것은 '사회의 타자'를 지목하는 것이다. [사회의 타자를 지목하는 것이 만인이 일인에 대해 말하는 태도와 다를 바 없다] 복지혜택을 부여하는 일과 그 타자의 지위(?)를 공고하게 하는 일이 동전의 양면 관계이다. 문제가 간단하지 않다. 모두가 잠재적 희생양-잠재적 인프라노마드-잠재적 조에라는 점이다. 정상인과 비정상인의 차이가, 즉 인간적인 삶과 비인간적인 삶의 차이가, 종이 한 장 두께이다. 김태암의 궁극적 관심은 '복지대상으로서 타자에 대한 관심'이 아니라, 복지대상 자체에 대한 관심이다. 일러 '인프라노마드-조에'들을 타자로서 보는 그런 관심이 아니라, 동류로서 보는 그 관심이다. 수직적 유대관계가 아닌, 수평적 유대관계를 말한다.

목표는 하나다, 돈 많이 버는 거다 강남에 조그맣더라도 빌딩을 사는 거다 달달달 외워 잘 찍어 명문 대학 들어가 돈 많이 주는 직장 가는 거다 학원가의 그 많은 셔틀버스들, 투자가 자본의 필수, 최대 이윤이 자본의 꽃

월세 받아 평수 넓은 아파트에서 먹고 싶은 것 하고 싶은 것 보고 싶은 것 다 누리고 사는 거다

불안하고 두려우니까 현금을 배불리 하고

기술자 예술가 변호사 사업가 정치가 종교가

너와 나의 욕망이 다르지 않으니

음식점 주방에서, 양복점 재단실에서, 밤늦도록 흘리는 진덤진덤한 저 땀이 무엇이더냐

고산자 김정호 부르튼 걸음걸음이 명리를 위한 투자였느니라.

—「나비가 나는 곳」 부분 ①

쏠린 눈금의 반대쪽이 乙이다. 자리를 바꿔도 乙 쪽이 올라가는

먼저 올라탄 甲의 무거움이 꼬랑지가 乙의 대가리에 앞선다

꼬시라지려는 푸른 잎의 비명이 3차부터 마지막까지 쓸개를 빼놓게 한다

입이 있되 말할 수 없는 날선 기울기

乙의 요구사항이 빈칸이다

마른명태처럼 쪼그라들어 있어야 한다

힘든 자, 수고하는 자, 벌거벗은 자다

—「乙」 부분 ②

뿌릴 씨앗 없어 밭갈이 포기한 농부 슬픔이 있었다 붙잡아줄 지푸라기 없고 지푸라기를 바랄 수 없었던 날, 호남선 완행열차가 막 도착한 꼭두새벽 서울역 앞에서

가방 하나 들고 막막히 서있어 본 적 있었다 젊은 꿈들이 공부하고 있을 수많은 서울의 전등 불빛을 의식하면서 늦은 밤 야근으로 지친 막— 공원의 늘어진 육체를 이끌고 불 못 지핀 허름한 자취방에서 주먹으로 눈물 닦으며 책 읽다 잠에 빠져본 적 있었다 하얀 눈밭 위에 자지러지는 기침으로 쏟아낸 선홍빛 꺼져가는 생명을 보며 '정말 다했는데 이렇게 끝내야만 하는가', 사라져가야 할 억울함을 분노하며 절규해본 적 있었다

—「박정희 시대 6—게 맛을 아는가」 부분 ③

나를 내쫓아주셔요. 소멸 시켜주셔요

결핍이 있—는 곳으로 보내주셔요
아프리카로 보내주셔요. 볼리비아로 보내주셔요
인간냄새 떠들썩한 순대국집 가까운 양지 바른 곳으로

—「구체적으로, 딱딱하게 구체적으로」 부분 ④

① 현대인 모두가 자본의 욕망을 좇는 자본주의사회의 일원이라는 것을 확실히 하고 있다. "너와 나의 욕망이 다르지 않"다 말한다. 특이한 것이, 주목되는 구절이, 밑에서 두 번째 행, "음식점 주방에서, 양복점 재단실에서, 밤늦도록 흘리는 진덤진덤한 저 땀이 무엇이더냐"라고 영탄하는, 혹은 질문하는, 행이다. '음식점 주방' 및 '양복점 재단실'을 조에들의 장소로서 특별히 언급한 것으로 보는 것, 즉 詩人의 자기이데올로기 재생산행위로 보는 것이다.

② "힘든 자, 수고하는 자, 벌거벗은 자", 즉 벌거벗은 생명, 조에를 명시적으로 말한다. 벌거벗은 생명에 대한 유대가 먼저이고, 벌거벗은 생명에 관한 詩, 「乙」의 탄생이 나중이다.[18] ③이 화자가 조에를 타자로 보는 것이 아닌, 동류로서 보는 것을 간접적으로 보증한다. 조에에 대한 수평적 유대관계가 詩人[화자]의 숙명인 것을 간접적으로 알린다. ④ 화자가 조에를 타자로 보는 것이 아닌, 동류로서 보는 것을 직접적으로 보증한다. 조에에 대한 수평적 유대관계가 詩人[화자]의 숙명인 것을 직접적으로 알린다. 김태암의 생명정치論이다; 김태암은 완전한 소멸의 조건이 '충분한 삶'이라고 본다. [충분한 삶이

18) 乙의 행위를 유전자결정론으로 말할 수 없다. 행동이란 유전되는 것이 아니라, 당대에 습득되는 것이라는 것을 '스키너 상자'(비교심리학자 스키너Burrhus F Skinner)와 '바나나의 방'(인지심지학자 쾰러Wolfgang Köhler)이 알렸다. 스키너 상자가 쥐가 시행착오에 의해 '목표'에 도달하는 '연관학습'을 보여줬고, '바나나의 방'이 침팬지가 통찰에 의해 목표에 도달하는 '통찰행동'을 보여줬다. 乙의 행동은 동물행동학이 말하는 것과 같은 것으로서 자본주의적 사회구조에 의한 '자발적' 연관학습 및 통찰행동에 의한 것이다. 후생유전학이 말하는 바와 같다.

구원을 담보한다 본다] 체 게바라가 쿠바혁명을 이루고도 볼리비아 내전 속으로 들어간 뜻은 '충분한 삶'이 구원인 것을 알았기 때문이다. 게바라가 햄릿이었다; "소멸 시켜주셔요/ 결핍이 있-는 곳으로 보내주셔요/ 아프리카로 보내주셔요. 볼리비아로 보내주셔요/ 인간냄새 떠들썩한 순대국집 가까운 양지 바른 곳으로"는 표현주의적 절규에 가깝다. '형이상학적 소멸 意識-儀式'보다 더 가슴에 와 닿는 것이 '결핍-아프리카-볼리비아-순대국집'이 표상하는 조에의 세계에 대한 수평적 유대感이다. '조에의 세계'에 대한 수평적 유대感에 구원이 있는 것으로 보는 意識-儀式이다. '아프리카-볼리비아-순대국집'을 양지 바른 곳으로 말했기 때문이다. '양지 바른 곳'이 구원 맞다.

김태암

전남 완도 출생. 중앙대학교 예술대학원 문예창작전문가 과정을 수료하고, 2010년『유심』으로 등단했다. 현대전자(현 SK 하이닉스)에서 첨단기술의 반도체를 만들며 부장을 역임한 엔지니어로서, 근원에 가까이 하려는 기계의 문법으로 박정희 시대를 시로 썼다. 발전의 그림자로 휘둘러진 억압과 부조리함 앞에서는 단호한 비판의 의지를 보이며, 발전의 주역이었지만 무시되고 소외된 서민들을 연민의 시선으로 바라본다.

이메일 : taeam-k@hanmail.net

김태암 시집

박정희 시대

발　행 2014년 2월 12일

지 은 이 김태암
펴 낸 이 반송림
편집디자인 김지호
펴 낸 곳 도서출판 지혜
　　　　계간시전문지 애지
기획위원 반경환 이형권 황정산
주　소 300-812 대전광역시 동구 선화로 203-1 2층 도서출판 지혜 (삼성동)
전　화 042-625-1140
팩　스 042-627-1140

전자우편 ejisarang@hanmail.net
애지카페 cafe.daum.net/ejiliterature

ISBN : 978-89-97386-87-1 03810
값 9,000원